근현대 전법 선맥(傳法禪脈)

75조 경허 성우(鏡虛 惺牛) 전법선사

오도송

홀연히 콧구멍 없는 소 되라는 말끝에	忽聞人語無鼻孔
삼천계가 내 집임을 단박에 깨달았네	頓覺三千是我家
유월의 연암산을 내려가는 길에서	六月鷰岩山下路
일없는 야인이 태평가를 부르노라	野人無事太平歌

76조 만공 월면(滿空 月面) 전법선사

전법게

구름과 달, 산과 계곡이라, 곳곳에서 같음이여	雲月溪山處處同
선가의 나의 제자 수산의 큰 가풍일세	叟山禪子大家風
은근히 무문인을 그대에게 분부하니	慇懃分付無文印
이 기틀의 방편이 활안 중에 있노라	一段機權活眼中

* 제75조 경허 성우 전법선사 전함 / 제76조 만공 월면 전법선사 받음

77조 전강 영신(田岡 永信) 전법선사

전법게

불조도 전한 바 없어서	佛祖未曾傳
나 또한 얻은 바 없음을…	我亦無所得
가을빛 저물어 가는 날에	此日秋色暮
뒷산의 원숭이가 울고 있네	猿嘯在後峰

* 제76조 만공 월면 전법선사 전함 / 제77조 전강 영신 전법선사 받음

78대 대원 문재현(大圓 文載賢) 전법선사

전법게

부처와 조사도 일찍이 전한 것이 아니거늘	佛祖未曾傳
나 또한 어찌 받았다 하며 준다 할 것인가	我亦何受授
이 법이 2천년대에 이르러서	此法二千年
널리 천하 사람을 제도하리라	廣度天下人

부송(付頌)

어상을 내리지 않고 이러-히 대한다 함이여	不下御床對如是
뒷날 돌아이가 구멍 없는 피리를 불리니	後日石兒吹無孔
이로부터 불법이 천하에 가득하리라	自此佛法滿天下

* 제77조 전강 영신 전법선사 전함 / 제78대 대원 문재현 전법선사 받음

이 오도송과 전법게는 대원 문재현 선사님께서 법리에 맞도록 새롭게 번역한 것입니다.

불조정맥 제 77조 대한불교 조계종 전강 대선사님께서는, 16세에 출가하여 23세 때 첫 깨달음을 얻고 25세에 인가를 받으셨다. 당대의 7대 선지식인 만공, 혜봉, 혜월, 한암, 금봉, 보월, 용성 선사님의 인가를 한 몸에 받으셨으며, 이 중 만공 선사님께 전법게를 받아 그 뒤를 이으셨다. 당대의 선지식들이 모두 극찬할 정도로 그 법이 뛰어나서 '지혜제일 정전강' 이라 불렸다.
33세의 최연소의 나이로 통도사 조실을 하셨고, 법주사, 망월사, 동화사, 범어사, 천축사, 용주사, 정각사 등 유명선원 조실을 역임하시고 인천 용화사 법보선원의 조실로 일생을 마치셨다.
1975년 1월 13일, 용화사 법보선원의 천여 명 대중 앞에서 "어떤 것이 생사대사(生死大事)인고?" 자문한 후에 "악! 구구는 번성(飜成) 팔십일이니라."라고 법문한 뒤, 눈을 감고 좌탈입망하셨다.
다비를 하던 날, 화려한 불빛이 일고 정골에서 구슬 같은 사리가 무수히 나왔다. 열반하시기까지 한결같이 공안 법문으로 최상승법을 드날리셨으니 그 투철한 깨달음과 뛰어난 법, 널리 교화하기를 그치지 않으셨던 점에 있어서 한국 근대 선종의 거목이라 일컬어지고 있다.

불조정맥 제78대 대원 문재현 전법선사님
– 양대 강맥 전강대법회에서 법문 중 할을 하시는 모습

오로지 정법만을 깨닫기 서원합니다.

입을 열면 정법만을 설하기 서원합니다.

중생이 다하는 그날까지 교화하기 서원합니다.

–대원 문재현 전법선사의 3대 서원

불교 8대 선언문

불교는 자신에게서 영생을 발견하게 한 유일한 종교이다.
불교는 자신에게서 모든 지혜를 발견하게 한 유일한 종교이다.
불교는 자신에게서 모든 능력을 발견하게 한 유일한 종교이다.
불교는 자신에게서 모든 것을 이루게 한 유일한 종교이다.
불교는 자신에게서 극락을 발견하게 한 유일한 종교이다.
불교는 깨달으면 차별 없어 평등하다는 유일한 종교이다.
불교는 모든 억압 없이 자신감을 갖게 한 유일한 종교이다.
불교는 그러므로 온 누리에 영원할 만인의 종교이다.

– 대원 문재현 전법선사 주창

전세계의 불교계에서 통일시켜야 할 일

경전의 말씀대로 32상과 80종호를 갖춘 불상으로 통일해야 한다.

예불 드리는 법을 통일해야 한다.

불공의식을 통일해야 한다.

– 대원 문재현 전법선사 주창

2015년 성불사 국제정맥선원 하계수련회 중 대원 문재현 선사님의 선화지도

대방광불화엄경
大 方 廣 佛 華 嚴 經

제 12 권

여래명호품　　사성제품
如來名號品　　四聖諦品

도서출판 문젠(구, 바로보인)은 정맥선원에서 운영하고 있습니다.

* 인제산(人濟山) 성불사(成佛寺) 국제정맥선원
  경기도 포천시 내촌면 소리개길 86-178 ☎ 031-531-8805
* 인제산(人濟山) 이룬절 포천정맥선원
  경기도 포천시 내촌면 소리개길 86-123 ☎ 031-532-1918
* 도봉산(道峯山) 도봉정사(道峯精舍) 서울정맥선원
  서울시 도봉구 도봉로 921 문젠빌딩 2층 ☎ 02-3494-0122
* 백양산(白楊山) 자모사(慈母寺) 부산정맥선원
  부산시 동래구 아시아드대로 114번길 10 대륙코리아나 2층 212호 ☎ 051-503-6460
* 자모산(慈母山) 육조사(六祖寺) 청도정맥선원
  경북 청도군 매전면 동산리 산 50 ☎ 010-4543-2460
* 광암산(光巖山) 성도사(成道寺) 광주정맥선원
  광주광역시 광산구 삼도광암길 34 ☎ 062-944-4088
* 대통산(大通山) 대통사(大通寺) 해남정맥선원
  전남 해남군 화산면 송계길 132-98 중정마을 ☎ 061-536-6366

바로보인 불법 ㊳

화 엄 경 12권

초판 1쇄 펴낸날 단기 4350년, 불기 3044년, 서기 2017년 4월 30일

역 저 **대원 문재현 선사**
펴 낸 곳 도서출판 문젠(Moonzen Press)
11192, 경기도 포천시 내촌면 소리개길 86-178
전화 031-534-3373 팩스 031-533-3387
신고번호 2010.11.24. 제2010-000004호

윤문교정 진성 윤주영, 증연 강영미
편집제작 도명 정행태
전자책제작 도향 하가연
표지그림 현정(玄楨)
인 쇄 가람문화사

도서출판문젠 www.moonzenpress.com
정 맥 선 원 www.zenparadise.com
사막화방지국제연대(IUPD) www.iupd.org

값 15,000원
ISBN 978-89-6870-012-5 04220
ISBN 978-89-6870-000-2 (전81권)

華嚴十無頌 화엄십무송

- 대원 문재현 선사

無相法性常顯前
상이 없는 법성은 언제나 드러나 있고

無性諸法如谷響
성품이 없는 모든 법은 골짜기에 메아리 같도다

無外作處是自在
밖이 없이 짓는 곳을 이 자재라 하는 것이니

無非華嚴大道場
화엄 대도량 아님이 없음이로다

無窮無盡光神通
궁구할 수 없고 다함 없는 광명의 신통에서

無不出生三千界
삼천대천세계가 나오지 않음이 없도다

無碍相卽大自在
걸림이 없이 서로 즉한 대자재여

無爲之法是日常
함이 없는 법이 일상이로다

無有定法隨狀況
정한 법 없어 상황을 따름이여

無上無爲妙菩提
위 없고 함이 없는 묘보리로다

바로보인 불법 ㊳

화엄경(華嚴經) 12권

대원 문재현 선사 역저

七、여래명호품(如來名號品)
八、사성제품(四聖諦品)

서 문

가없이 크고 넓어 광대함이여!
모양 없는 그 가운데 본래 갖춤
증득한 지혜인이라야 아네

남섬부주 일체의 나툼이여
본래의 갖춤에 비하자면
천만억분의 일도 안 된다네

이러-히 온통 온통함이여!
모두 갖춘 본연한 이 장엄을
'대방광불화엄'이라 하네

단기(檀紀) 4345년
불기(佛紀) 3039년

무등산인 대원 문재현
(無等山人 大圓 文載賢)

차 례

서 문 7
일러두기 10

七、여래명호품(如來名號品) 11

* 세존께서 아란야법보리도량에서 정각을 이루시자, 함께한 보살들이 마음으로 법문을 청하고, 시방의 모든 보살이 함께 와서 모여 절하고 결가부좌로 앉다 13
* 문수사리보살이 사천하 시방의 여래 명호를 설하다 29
* 문수사리보살이 사바세계 시방의 여래 명호를 설하다 43

대원선사 결문(決文) 55

八、사성제품(四聖諦品) 59

* 문수사리보살이 사바세계 가운데의 사성제 이름을 설하다 61
* 문수사리보살이 밀훈세계 가운데의 사성제 이름을 설하다 65
* 문수사리보살이 최승세계 가운데의 사성제 이름을 설하다 69
* 문수사리보살이 이구세계 가운데의 사성제 이름을 설하다 73
* 문수사리보살이 풍일세계 가운데의 사성제 이름을 설하다 77
* 문수사리보살이 섭취세계 가운데의 사성제 이름을 설하다 81
* 문수사리보살이 요익세계 가운데의 사성제 이름을 설하다 85

* 문수사리보살이 선소세계 가운데의 사성제 이름을 설하다 89
* 문수사리보살이 환희세계 가운데의 사성제 이름을 설하다 93
* 문수사리보살이 관약세계 가운데의 사성제 이름을 설하다 97
* 문수사리보살이 진음세계 가운데의 사성제 이름을 설하다 101
* 문수사리 보살이 무량세계 무량수의 사성제 이름은 중생의 마음이 즐거워하는 바를 따라 그들을 조복하게 함임을 설하다 105

대원선사 결문(決文) 107

미주 110

81권 화엄경 권과 품 117

부록1 불조정맥(佛祖正脈) 119

부록2 대원 문재현 선사님 인가 내력 125

부록3 21세기에 인류가 해야 할 일 135

부록4 가슴으로 부르는 불심의 노래
- 대원 문재현 선사님이 작사한 곡 141

일러두기

1. 화엄경 본문을 지나치게 세밀하게 나누어 긴 주해를 싣지 않은 것은 그로 해서 원문의 흐름이 끊어지게 되지 않을까 하는 우려에서이다. 이런 까닭에 다만 수없이 장고(長考)하며 최대한 원문에 충실하게 번역하고 각권의 마지막이나 각품의 마지막에만 결문(結文)을 더하였다. 화엄경 본문이 이치적으로 더할 나위 없이 샅샅이 불화엄의 화장세계를 밝힌 것이라면 결문은 화엄경의 화장세계를 선(禪) 도리로 간략히 바로 끊어 보인 것이다. 이로써 경의 본뜻이 굴절 없이 전달되어 화엄의 세계가 독자의 세계가 되기를 바란다.
2. 요즈음 화엄경을 접한 이들이 최고의 경전이라 불리는 화엄경 첫머리부터 '신(神)'이라는 호칭으로 기록된 분들이 많은 것을 보고 의아하게 생각하는 경우가 있다. 화엄경의 첫머리인 세주묘엄품을 보면 이 '신(神)'이라는 호칭으로 기록된 분들이 불보살님의 화현이거나 보살마하살의 경지에서 행하는 분들임을 알 수 있다. 이런 까닭에 이 책에서는 '신(神)'을 '천제(天帝)'로 번역하였다. 예를 들면, '집금강신'은 '집금강천제'로 의역하였다. 천제는 그 세계를 다스리고 교화하는 분, 곧 깨달아, 삼매와 지혜와 덕과 신통과 방편과 변재를 갖추어서 다스리고 교화하는 분을 말한다.
3. 미주는 *로 표시하였다.

七 여래명호품

爾時 世尊 在摩竭提國阿蘭若法菩提場中 始成正覺 於普光明殿 坐蓮華藏師子之座 妙悟皆滿 二行永絶 達無相法 住於佛住 得佛平等 到無障處 不可轉法 所行無礙 立不思議 普見三世 與十佛刹微塵數諸菩薩 俱 莫不皆是一生補處 悉從他方 而共來集 普善觀察諸衆生界 法界 世界 涅槃界 諸業果報 心行次第 一切文義 世出世間 有爲無爲 過現未來

세존께서 아란야법보리도량에서 정각을 이루시자, 함께한 보살들이 마음으로 법문을 청하고, 시방의 모든 보살이 함께 와서 모여 절하고 결가부좌로 앉다

이때 세존께서 마갈제국의 아란야법보리도량 가운데 계시면서 비로소 정각을 이루고 보광명전에서 연화장 사자좌에 앉으셨다. 묘한 깨달음이 모두 원만하여 두 가지 행이 영원히 끊어지고, 상이 없는 법을 통달하여 부처님들이 머무시는 데 머무시며, 부처님들의 평등을 얻어 장애 없는 곳에 이르러서, 가히 굴림이 없는 법으로 행하는 바에 걸림이 없었으니, 즉시 부사의하게 삼세를 널리 보셨다.

열 부처님*세계 가는 티끌 수만큼의 모든 보살과 함께하셨는데 모두 일생보처 아닌 이가 없었으니, 모두 다른 지방으로부터 함께 와서 모여 모든 중생계, 법계, 세계, 열반계, 모든 업의 과보, 마음의 행의 차례, 일체 글의 뜻, 세간과 출세간, 유위와 무위, 과거·현재·미래를 널리 잘 관찰하였다.

時 諸菩薩 作是思惟 若世尊 見愍我等 願隨所樂 開示佛剎 佛住 佛剎莊嚴 佛法性 佛剎淸淨 佛所說法 佛剎體性 佛威德 佛剎成就 佛大菩提 如十方一切世界 諸佛世尊 爲成就一切菩薩故 令如來種性不斷故 救護一切衆生故 令諸衆生 永離一切煩惱故 了知一切諸行故 演說一切諸法故 淨除一切雜染故 永斷一切疑網故 拔除一切希望故 滅壞一切愛着處故

이때 모든 보살이 이렇게 생각하였다.

'만일 세존께서 저희들을 불쌍히 여기신다면 원하오니 좋아하는 바를 따라 부처님세계와 부처님 머무르심과 부처님세계의 장엄과 부처님의 법성과 부처님세계의 청정함과 부처님의 설법과 부처님세계의 성품의 몸*과 부처님의 위덕과 부처님세계의 성취와 부처님의 큰 깨달음을 열어 보여주소서.

시방 일체 세계의 모든 부처님 세존께서 일체 보살을 성취시키기 위해서이고, 여래*의 종자성품이 끊어지지 않게 하기 위해서이며, 일체 중생을 구호하기 위해서이고, 일체 중생이 영원히 모든 번뇌를 여의게 하기 위해서이며, 일체 모든 행을 밝게 알도록 하기 위해서이고, 일체 모든 법을 널리 펴 설하기 위해서이며, 일체 잡됨과 물듦을 깨끗이 없애기 위해서이고, 영원히 일체 의심의 그물을 끊게 하기 위해서이며, 일체 바라는 바를 뽑아 없애기 위해서이고, 일체 애착할 곳을 없애 무너뜨리기 위해서이니,

說諸菩薩 十住 十行 十迴向 十藏 十地 十願 十定 十通 十頂 及說如來地 如來境界 如來神力 如來所行 如來力 如來無畏 如來三昧 如來神通 如來自在 如來無礙 如來眼 如來耳 如來鼻 如來舌 如來身 如來意 如來辯才 如來智慧 如來最勝 願佛世尊 亦爲我說 爾時 世尊 知諸菩薩心之所念 各隨其類 爲現神通 現神通已 東方過十佛刹微塵數世界 有世界 名金色 佛號 不動智

모든 보살의 십주(十住)*와 십행(十行)*과 십회향(十迴向)*과 십장(十藏)*과 십지(十地)*와 십원(十願)*과 십정(十定)*과 십통(十通)*과 십정(十頂)*을 설해 주소서.'

이어서 '여래의 지위와 여래의 경계와 여래의 위신력*과 여래의 행하신 바와 여래의 힘과 여래의 두려움 없음과 여래의 삼매와 여래의 신통과 여래의 자재함과 여래의 걸림 없음과 여래의 눈과 여래의 귀와 여래의 코와 여래의 혀와 여래의 몸과 여래의 뜻과 여래의 변재와 여래의 지혜와 여래의 가장 수승함을, 원컨대 불세존께서는 또한 저희들을 위해 설하여 주옵소서.' 하였다.

이때 세존께서 모든 보살이 마음으로 생각한 바를 아시고 각각의 그 무리에 따라 신통을 나투고 신통 나투기를 마치셨다.

동방으로 열 부처님세계 가는 티끌 수만큼의 세계를 지나서 세계가 있으니 이름이 금색이고, 부처님의 명호는 부동지이다.

彼世界中 有菩薩 名文殊師利 與十佛刹微塵數諸菩薩 俱 來詣佛所 到已作禮 卽於東方 化作蓮華藏師子之座 結跏趺坐 南方過十佛刹微塵數世界 有世界 名妙色 佛號 無礙智 彼有菩薩 名曰覺首 與十佛刹微塵數諸菩薩 俱 來詣佛所 到已作禮 卽於南方 化作蓮華藏師子之座 結跏趺坐 西方過十佛刹微塵數世界 有世界 名蓮華色 佛號 滅暗智 彼有菩薩 名曰財首 與十佛刹微塵數諸菩薩 俱 來詣佛所 到已作禮 卽於西方 化作蓮華藏師子之座 結跏趺坐

그 세계 가운데 보살이 있으니 이름이 문수사리인데, 열 부처님세계 가는 티끌 수만큼의 모든 보살과 함께 부처님 처소에 나아가 이르러서 절을 하고, 곧 동방에 연화장 사자좌를 화현으로 만들어서 결가부좌로 앉았다.

남방으로 열 부처님세계 가는 티끌 수만큼의 세계를 지나서 세계가 있으니 이름이 묘색이고, 부처님의 명호는 무애지이다. 그곳에 보살이 있으니 이름이 각수인데, 열 부처님세계 가는 티끌 수만큼의 모든 보살과 함께 부처님 처소에 나아가 이르러서 절을 하고, 곧 남방에 연화장 사자좌를 화현으로 만들어서 결가부좌로 앉았다.

서방으로 열 부처님세계 가는 티끌 수만큼의 세계를 지나서 세계가 있으니 이름이 연화색이고, 부처님의 명호는 멸암지이다. 그곳에 보살이 있으니 이름이 재수인데, 열 부처님세계 가는 티끌 수만큼의 모든 보살과 함께 부처님 처소에 나아가 이르러서 절을 하고, 곧 서방에 연화장 사자좌를 화현으로 만들어서 결가부좌로 앉았다.

北方過十佛刹微塵數世界 有世界 名薝蔔華色 佛號 威儀智 彼有菩薩 名寶首 與十佛刹微塵數諸菩薩 俱 來詣佛所 到已作禮 卽於北方 化作蓮華藏師子之座 結跏趺坐 東北方過十佛刹微塵數世界 有世界 名優鉢羅華色 佛號 明相智 彼有菩薩 名功德首 與十佛刹微塵數諸菩薩 俱 來詣佛所 到已作禮 卽於東北方 化作蓮華藏師子之座 結跏趺坐

북방으로 열 부처님세계 가는 티끌 수만큼의 세계를 지나서 세계가 있으니 이름이 담복화색이고, 부처님의 명호는 위의지이다. 그곳에 보살이 있으니 이름이 보수인데, 열 부처님세계 가는 티끌 수만큼의 모든 보살과 함께 부처님 처소에 나아가 이르러서 절을 하고, 곧 북방에 연화장 사자좌를 화현으로 만들어서 결가부좌로 앉았다.

동북방으로 열 부처님세계 가는 티끌 수만큼의 세계를 지나서 세계가 있으니 이름이 우발라화색이고, 부처님 명호는 명상지이다. 그곳에 보살이 있으니 이름이 공덕수인데, 열 부처님세계 가는 티끌 수만큼의 모든 보살과 함께 부처님 처소에 나아가 이르러서 절을 하고, 곧 동북방에 연화장 사자좌를 화현으로 만들어서 결가부좌로 앉았다.

東南方過十佛刹微塵數世界 有世界 名金色 佛號 究竟智 彼有菩薩 名目首 與十佛刹微塵數諸菩薩 俱 來詣佛所 到已作禮 卽於東南方 化作蓮華藏師子之座 結跏趺坐 西南方過十佛刹微塵數世界 有世界 名寶色 佛號 最勝智 彼有菩薩 名精進首 與十佛刹微塵數諸菩薩 俱 來詣佛所 到已作禮 卽於西南方 化作蓮華藏師子之座 結跏趺坐

동남방으로 열 부처님세계 가는 티끌 수만큼의 세계를 지나서 세계가 있으니 이름이 금색이고, 부처님의 명호는 구경지이다. 그곳에 보살이 있으니 이름이 목수인데, 열 부처님세계 가는 티끌 수만큼의 모든 보살과 함께 부처님 처소에 나아가 이르러서 절을 하고, 곧 동남방에 연화장 사자좌를 화현으로 만들어서 결가부좌로 앉았다.

서남방으로 열 부처님세계 가는 티끌 수만큼의 세계를 지나서 세계가 있으니 이름이 보색이고, 부처님의 명호는 최승지이다. 그곳에 보살이 있으니 이름이 정진수인데, 열 부처님세계 가는 티끌 수만큼의 모든 보살과 함께 부처님 처소에 나아가 이르러서 절을 하고, 곧 서남방에 연화장 사자좌를 화현으로 만들어서 결가부좌로 앉았다.

西北方過十佛刹微塵數世界 有世界 名金剛色 佛號 自在智 彼有菩薩 名法首 與十佛刹微塵數諸菩薩 俱 來詣佛所 到已作禮 卽於西北方 化作蓮華藏師子之座 結跏趺坐 下方過十佛刹微塵數世界 有世界 名玻璃色 佛號 梵智 彼有菩薩 名智首 與十佛刹微塵數諸菩薩 俱 來詣佛所 到已作禮 卽於下方 化作蓮華藏師子之座 結跏趺坐

서북방으로 열 부처님세계 가는 티끌 수만큼의 세계를 지나서 세계가 있으니 이름이 금강색이고, 부처님의 명호는 자재지이다. 그곳에 보살이 있으니 이름이 법수인데, 열 부처님세계 가는 티끌 수만큼의 모든 보살과 함께 부처님 처소에 나아가 이르러서 절을 하고, 곧 서북방에 연화장 사자좌를 화현으로 만들어서 결가부좌로 앉았다.

하방으로 열 부처님세계 가는 티끌 수만큼의 세계를 지나서 세계가 있으니 이름이 파리색이고, 부처님의 명호는 범지이다. 그곳에 보살이 있으니 이름이 지수인데, 열 부처님세계 가는 티끌 수만큼의 모든 보살과 함께 부처님 처소에 나아가 이르러서 절을 하고, 곧 하방에 연화장 사자좌를 화현으로 만들어서 결가부좌로 앉았다.

上方過十佛刹微塵數世界 有世界 名平等色 佛號 觀察智 彼有菩薩 名賢首 與十佛刹微塵數諸菩薩 俱 來詣佛所 到已作禮 卽於上方 化作蓮華藏師子之座 結跏趺坐

상방으로 열 부처님세계 가는 티끌 수만큼의 세계를 지나서 세계가 있으니 이름이 평등색이고, 부처님의 명호는 관찰지이다. 그곳에 보살이 있으니 이름이 현수인데, 열 부처님세계 가는 티끌 수만큼의 모든 보살과 함께 부처님 처소에 나아가 이르러서 절을 하고, 곧 상방에 연화장 사자좌를 화현으로 만들어서 결가부좌로 앉았다.

爾時 文殊師利菩薩摩訶薩 承佛威力 普觀一切菩薩衆會 而作是言 此諸菩薩 甚爲希有 諸佛子 佛國土 不可思議 佛住 佛刹莊嚴 佛法性 佛刹清淨 佛說法 佛出現 佛刹成就 佛阿耨多羅三藐三菩提 皆不可思議 何以故 諸佛子 十方世界一切諸佛 知諸衆生 樂欲不同 隨其所應 說法調伏 如是乃至等法界虛空界 諸佛子 如來 於此娑婆世界諸四天下 種種身 種種名 種種色相 種種修短 種種壽量 種種處所 種種諸根 種種生處 種種語業 種種觀察 令諸衆生 各別知見

문수사리보살이 사천하 시방의 여래 명호를 설하다

이때 문수사리 보살마하살이 부처님의 위신력을 받아서 일체 보살 대중의 모임을 널리 관하고 이렇게 말하였다.

"이 모든 보살이 매우 희유하도다. 모든 불자여, 부처님의 국토는 불가사의하니라. 부처님의 머무르심과 부처님세계의 장엄과 부처님의 법성과 부처님세계의 청정함과 부처님의 설법과 부처님의 출현과 부처님세계의 성취와 부처님의 아뇩다라삼먁삼보리가 모두 불가사의하니, 무슨 까닭인가?

모든 불자여, 시방세계의 일체 모든 부처님께서는 모든 중생이 즐거워하는 것과 하고자 하는 것이 같지 않음을 아시고, 그 응할 바를 따라서 법을 설하여 조복시키시니 이러-히 법계와 허공계에까지도 같이 하시느니라.

모든 불자여, 여래께서는 이 사바세계 모든 사천하의 갖가지 몸과 갖가지 이름과 갖가지 색과 모양, 갖가지 긴 것과 짧은 것, 갖가지 수명의 양과 갖가지 처소와 갖가지 모든 근기와 갖가지 나는 곳과 갖가지 말의 업을 갖가지로 관찰하여 모든 중생이 각기 다르므로 각각이 알고 보게 하시느니라.

諸佛子 如來 於此四天下中 或名一切義成 或名圓滿月 或名師子吼 或名釋迦牟尼 或名第七仙 或名毘盧遮那 或名瞿曇氏 或名大沙門 或名最勝 或名導師 如是等 其數十千 令諸衆生 各別知見 諸佛子 此四天下東 次有世界 名爲善護 如來 於彼 或名金剛 或名自在 或名有智慧 或名難勝 或名雲王 或名無諍 或名能爲主 或名心歡喜 或名無與等 或名斷言論 如是等 其數十千 令諸衆生 各別知見

모든 불자여, 여래를 이 사천하 가운데에서는 혹 일체의 성이라 이름하고, 혹 원만월이라 이름하며, 혹 사자후라 이름하고, 혹 석가모니라 이름하며, 혹 제칠선이라 이름하고, 혹 비로자나라 이름하며, 혹 구담씨라 이름하고, 혹 대사문이라 이름하며, 혹 최승이라 이름하고, 혹 도사라 이름하니, 이와 같은 등 그 수가 만 가지여서 모든 중생이 각기 다르므로 각각이 알고 보게 하시느니라.

모든 불자여, 이 사천하 동방에 다음 세계가 있으니 이름이 선호니라. 여래를 그곳에서는 혹 금강이라 이름하고, 혹 자재라 이름하며, 혹 유지혜라 이름하고, 혹 난승이라 이름하며, 혹 운왕이라 이름하고, 혹 무쟁이라 이름하며, 혹 능위주라 이름하고, 혹 심환희라 이름하며, 혹 무여등이라 이름하고, 혹 단언론이라 이름하니, 이와 같은 등 그 수가 만 가지여서 모든 중생이 각기 다르므로 각각이 알고 보게 하시느니라.

諸佛子 此四天下南 次有世界 名爲難忍 如來 於彼 或名帝釋 或名寶稱 或名離垢 或名實語 或名能調伏 或名具足喜 或名大名稱 或名能利益 或名無邊 或名最勝 如是等 其數十千 令諸衆生 各別知見 諸佛子 此四天下西 次有世界 名爲親慧 如來 於彼 或名水天 或名喜見 或名最勝王 或名調伏天 或名眞實慧 或名到究竟 或名歡喜 或名法慧 或名所作已辦 或名善住 如是等 其數十千 令諸衆生 各別知見

모든 불자여, 이 사천하 남방에 다음 세계가 있으니 이름이 난인이니라. 여래를 그곳에서는 혹 제석이라 이름하고, 혹 보칭이라 이름하며, 혹 이구라 이름하고, 혹 실어라 이름하며, 혹 능조복이라 이름하고, 혹 구족희라 이름하며, 혹 대명칭이라 이름하고, 혹 능이익이라 이름하며, 혹 무변이라 이름하고, 혹 최승이라 이름하니, 이와 같은 등 그 수가 만 가지여서 모든 중생이 각기 다르므로 각각이 알고 보게 하시느니라.

모든 불자여, 이 사천하 서방에 다음 세계가 있으니 이름이 친혜니라. 여래를 그곳에서는 혹 수천이라 이름하고, 혹 희견이라 이름하며, 혹 최승왕이라 이름하고, 혹 조복천이라 이름하며, 혹 진실혜라 이름하고, 혹 도구경이라 이름하며, 혹 환희라 이름하고, 혹 법혜라 이름하며, 혹 소작이판이라 이름하고, 혹 선주라 이름하니, 이와 같은 등 그 수가 만 가지여서 모든 중생이 각기 다르므로 각각이 알고 보게 하시느니라.

諸佛子 此四天下北 次有世界 名有師子 如來 於彼 或名大牟尼 或名苦行 或名世所尊 或名最勝田 或名一切智 或名善意 或名淸淨 或名瑿羅䟦那 或名最上施 或名苦行得 如是等 其數十千 令諸衆生 各別知見 諸佛子 此四天下東北方 次有世界 名妙觀察 如來 於彼 或名調伏魔 或名成就 或名息滅 或名賢天 或名離貪 或名勝慧 或名心平等 或名無能勝 或名智慧音 或名難出現 如是等 其數十千 令諸衆生 各別知見

모든 불자여, 이 사천하 북방에 다음 세계가 있으니 이름이 유사자니라. 여래를 그곳에서는 혹 대모니라 이름하고, 혹 고행이라 이름하며, 혹 세소존이라 이름하고, 혹 최승전이라 이름하며, 혹 일체지라 이름하고, 혹 선의라 이름하며, 혹 청정이라 이름하고, 혹 예라발나라 이름하며, 혹 최상시라 이름하고, 혹 고행득이라 이름하니, 이와 같은 등 그 수가 만 가지여서 모든 중생이 각기 다르므로 각각이 알고 보게 하시느니라.

모든 불자여, 이 사천하 동북방에 다음 세계가 있으니 이름이 묘관찰이니라. 여래를 그곳에서는 혹 조복마라 이름하고, 혹 성취라 이름하며, 혹 식멸이라 이름하고, 혹 현천이라 이름하며, 혹 이탐이라 이름하고, 혹 승혜라 이름하며, 혹 심평등이라 이름하고, 혹 무능승이라 이름하며, 혹 지혜음이라 이름하고, 혹 난출현이라 이름하니, 이와 같은 등 그 수가 만 가지여서 모든 중생이 각기 다르므로 각각이 알고 보게 하시느니라.

諸佛子 此四天下東南方 次有世界 名爲喜樂 如來 於彼 或名極威嚴 或名光焰聚 或名徧知 或名秘密 或名解脫 或名性安住 或名如法行 或名淨眼王 或名大勇健 或名精進力 如是等 其數十千 令諸衆生 各別知見 諸佛子 此四天下西南方 次有世界 名甚堅牢 如來 於彼 或名安住 或名智王 或名圓滿 或名不動 或名妙眼 或名頂王 或名自在音 或名一切施 或名持衆仙 或名勝須彌 如是等 其數十千 令諸衆生 各別知見

모든 불자여, 이 사천하 동남방에 다음 세계가 있으니 이름이 희락이니라. 여래를 그곳에서는 혹 극위엄이라 이름하고, 혹 광염취라 이름하며, 혹 변지라 이름하고, 혹 비밀이라 이름하며, 혹 해탈이라 이름하고, 혹 성안주라 이름하며, 혹 여법행이라 이름하고, 혹 정안왕이라 이름하며, 혹 대용건이라 이름하고, 혹 정진력이라 이름하니, 이와 같은 등 그 수가 만 가지여서 모든 중생이 각기 다르므로 각각이 알고 보게 하시느니라.

모든 불자여, 이 사천하 서남방에 다음 세계가 있으니 이름이 심견뢰니라. 여래를 그곳에서는 혹 안주라 이름하고, 혹 지왕이라 이름하며, 혹 원만이라 이름하고, 혹 부동이라 이름하며, 혹 묘안이라 이름하고, 혹 정왕이라 이름하며, 혹 자재음이라 이름하고, 혹 일체시라 이름하며, 혹 지중선이라 이름하고, 혹 승수미라 이름하니, 이와 같은 등 그 수가 만 가지여서 모든 중생이 각기 다르므로 각각이 알고 보게 하시느니라.

諸佛子 此四天下西北方 次有世界 名爲妙地 如來 於彼 或名普徧 或名光焰 或名摩尼髻 或名可憶念 或名無上義 或名常喜樂 或名性淸淨 或名圓滿光 或名脩臂 或名住本 如是等 其數十千 令諸衆生 各別知見 諸佛子 此四天下次下方 有世界 名爲焰慧 如來 於彼 或名集善根 或名師子相 或名猛利慧 或名金色焰 或名一切知識 或名究竟音 或名作利益 或名到究竟 或名眞實天 或名普徧勝 如是等 其數十千 令諸衆生 各別知見

모든 불자여, 이 사천하 서북방에 다음 세계가 있으니 이름이 묘지니라. 여래를 그곳에서는 혹 보변이라 이름하고, 혹 광염이라 이름하며, 혹 마니계라 이름하고, 혹 가억념이라 이름하며, 혹 무상의라 이름하고, 혹 상희락이라 이름하며, 혹 성청정이라 이름하고, 혹 원만광이라 이름하며, 혹 수비라 이름하고, 혹 주본이라 이름하니, 이와 같은 등 그 수가 만 가지여서 모든 중생이 각기 다르므로 각각이 알고 보게 하시느니라.

모든 불자여, 이 사천하 하방에 다음 세계가 있으니 이름이 염혜니라. 여래를 그곳에서는 혹 집선근이라 이름하고, 혹 사자상이라 이름하며, 혹 맹리혜라 이름하고, 혹 금색염이라 이름하며, 혹 일체지식이라 이름하고, 혹 구경음이라 이름하며, 혹 작이익이라 이름하고, 혹 도구경이라 이름하며, 혹 진실천이라 이름하고, 혹 보변승이라 이름하니, 이와 같은 등 그 수가 만 가지여서 모든 중생이 각기 다르므로 각각이 알고 보게 하시느니라.

諸佛子 此四天下次上方 有世界 名曰持地 如來 於彼 或名有智慧 或名清淨面 或名覺慧 或名上首 或名行莊嚴 或名發歡喜 或名意成滿 或名如盛火 或名持戒 或名一道 如是等 其數十千 令諸衆生 各別知見 諸佛子 此娑婆世界 有百億四天下 如來 於中 有百億萬種種名號 令諸衆生 各別知見

모든 불자여, 이 사천하 상방에 다음 세계가 있으니 이름이 지지니라. 여래를 그곳에서는 혹 유지혜라 이름하고, 혹 청정면이라 이름하며, 혹 각혜라 이름하고, 혹 상수라 이름하며, 혹 행장엄이라 이름하고, 혹 발환희라 이름하며, 혹 의성만이라 이름하고, 혹 여성화라 이름하며, 혹 지계라 이름하고, 혹 일도라 이름하니, 이와 같은 등 그 수가 만 가지여서 모든 중생이 각기 다르므로 각각이 알고 보게 하시느니라.

모든 불자여, 이 사바세계에 백억의 사천하가 있으니, 여래께서는 그 가운데 백억만의 갖가지 명호를 지녀서 모든 중생이 각기 다르므로 각각이 알고 보게 하시느니라.

諸佛子 此娑婆世界東 次有世界 名爲密訓 如來 於彼 或名平等 或名殊勝 或名安慰 或名開曉意 或名聞慧 或名眞實語 或名得自在 或名最勝身 或名大勇猛 或名無等智 如是等百億萬種種名號 令諸衆生 各別知見 諸佛子 此娑婆世界南 次有世界 名曰豊溢 如來 於彼 或名本性 或名勤意 或名無上尊 或名大智炬 或名無所依 或名光明藏 或名智慧藏 或名福德藏 或名天中天 或名大自在 如是等百億萬種種名號 令諸衆生 各別知見

문수사리보살이 사바세계 시방의 여래 명호를 설하다

모든 불자여, 이 사바세계 동방에 다음 세계가 있으니 이름이 밀훈이니라. 여래를 그곳에서는 혹 평등이라 이름하고, 혹 수승이라 이름하며, 혹 안위라 이름하고, 혹 개효의라 이름하며, 혹 문혜라 이름하고, 혹 진실어라 이름하며, 혹 득자재라 이름하고, 혹 최승신이라 이름하며, 혹 대용맹이라 이름하고, 혹 무등지라 이름하니, 이와 같은 등 백억만의 갖가지 명호로 모든 중생이 각기 다르므로 각각이 알고 보게 하시느니라.

모든 불자여, 이 사바세계 남방에 다음 세계가 있으니 이름이 풍일이니라. 여래를 그곳에서는 혹 본성이라 이름하고, 혹 근의라 이름하며, 혹 무상존이라 이름하고, 혹 대지거라 이름하며, 혹 무소의라 이름하고, 혹 광명장이라 이름하며, 혹 지혜장이라 이름하고, 혹 복덕장이라 이름하며, 혹 천중천이라 이름하고, 혹 대자재라 이름하니, 이와 같은 등 백억만의 갖가지 명호로 모든 중생이 각기 다르므로 각각이 알고 보게 하시느니라.

諸佛子 此娑婆世界西 次有世界 名爲離垢 如來 於彼 或名意成 或名知道 或名安住本 或名能解縛 或名通達義 或名樂分別 或名最勝見 或名調伏行 或名衆苦行 或名具足力 如是等百億萬種種名號 令諸衆生 各別知見 諸佛子 此娑婆世界北 次有世界 名曰豐樂 如來 於彼 或名薝蔔華色 或名日藏 或名善住 或名現神通 或名性超邁 或名慧日 或名無礙 或名如月現 或名迅疾風 或名淸淨身 如是等百億萬種種名號 令諸衆生 各別知見

모든 불자여, 이 사바세계 서방에 다음 세계가 있으니 이름이 이구니라. 여래를 그곳에서는 혹 의성이라 이름하고, 혹 지도라 이름하며, 혹 안주본이라 이름하고, 혹 능해박이라 이름하며, 혹 통달의라 이름하고, 혹 낙분별이라 이름하며, 혹 최승견이라 이름하고, 혹 조복행이라 이름하며, 혹 중고행이라 이름하고, 혹 구족력이라 이름하니, 이와 같은 등 백억만의 갖가지 명호로 모든 중생이 각기 다르므로 각각이 알고 보게 하시느니라.

모든 불자여, 이 사바세계 북방에 다음 세계가 있으니 이름이 풍락이니라. 여래를 그곳에서는 혹 담복화색이라 이름하고, 혹 일장이라 이름하며, 혹 선주라 이름하고, 혹 현신통이라 이름하며, 혹 성초매라 이름하고, 혹 혜일이라 이름하며, 혹 무애라 이름하고, 혹 여월현이라 이름하며, 혹 신질풍이라 이름하고, 혹 청정신이라 이름하니, 이와 같은 등 백억만의 갖가지 명호로 모든 중생이 각기 다르므로 각각이 알고 보게 하시느니라.

諸佛子 此娑婆世界東北方 次有世界 名爲攝取 如來 於彼 或名永離苦 或名普解脫 或名大伏藏 或名解脫智 或名過去藏 或名寶光明 或名離世間 或名無礙地 或名淨信藏 或名心不動 如是等百億萬種種名號 令諸衆生 各別知見 諸佛子 此娑婆世界東南方 次有世界 名爲饒益 如來 於彼 或名現光明 或名盡智 或名美音 或名勝根 或名莊嚴蓋 或名精進根 或名到分別彼岸 或名勝定 或名簡言辭 或名智慧海 如是等百億萬種種名號 令諸衆生 各別知見

모든 불자여, 이 사바세계 동북방에 다음 세계가 있으니 이름이 섭취니라. 여래를 그곳에서는 혹 영리고라 이름하고, 혹 보해탈이라 이름하며, 혹 대복장이라 이름하고, 혹 해탈지라 이름하며, 혹 과거장이라 이름하고, 혹 보광명이라 이름하며, 혹 이세간이라 이름하고, 혹 무애지라 이름하며, 혹 정신장이라 이름하고, 혹 심부동이라 이름하니, 이와 같은 등 백억만의 갖가지 명호로 모든 중생이 각기 다르므로 각각이 알고 보게 하시느니라.

모든 불자여, 이 사바세계 동남방에 다음 세계가 있으니 이름이 요익이니라. 여래를 그곳에서는 혹 현광명이라 이름하고, 혹 진지라 이름하며, 혹 미음이라 이름하고, 혹 승근이라 이름하며, 혹 장엄개라 이름하고, 혹 정진근이라 이름하며, 혹 도분별피안이라 이름하고, 혹 승정이라 이름하며, 혹 간언사라 이름하고, 혹 지혜해라 이름하니, 이와 같은 등 백억만의 갖가지 명호로 모든 중생이 각기 다르므로 각각이 알고 보게 하시느니라.

諸佛子 此娑婆世界西南方 次有世界 名爲鮮少 如來 於彼 或名牟尼主 或名具衆寶 或名世解脫 或名徧知根 或名勝言辭 或名明了見 或名根自在 或名大仙師 或名開導業 或名金剛師子 如是等百億萬種種名號 令諸衆生 各別知見 諸佛子 此娑婆世界西北方 次有世界 名爲歡喜 如來 於彼 或名妙華聚 或名栴檀蓋 或名蓮華藏 或名超越諸法 或名法寶 或名復出生 或名淨妙蓋 或名廣大眼 或名有善法 或名專念法 或名網藏 如是等百億萬種種名號 令諸衆生 各別知見

모든 불자여, 이 사바세계 서남방에 다음 세계가 있으니 이름이 선소니라. 여래를 그곳에서는 혹 모니주라 이름하고, 혹 구중보라 이름하며, 혹 세해탈이라 이름하고, 혹 변지근이라 이름하며, 혹 승언사라 이름하고, 혹 명료견이라 이름하며, 혹 근자재라 이름하고, 혹 대선사라 이름하며, 혹 개도업이라 이름하고, 혹 금강사자라 이름하니, 이와 같은 등 백억만의 갖가지 명호로 모든 중생이 각기 다르므로 각각이 알고 보게 하시느니라.

모든 불자여, 이 사바세계 서북방에 다음 세계가 있으니 이름이 환희니라. 여래를 그곳에서는 혹 묘화취라 이름하고, 혹 전단개라 이름하며, 혹 연화장이라 이름하고, 혹 초월제법이라 이름하며, 혹 법보라 이름하고, 혹 부출생이라 이름하며, 혹 정묘개라 이름하고, 혹 광대안이라 이름하며, 혹 유선법이라 이름하고, 혹 전념법이라 이름하며, 혹 망장이라 이름하니, 이와 같은 등 백억만의 갖가지 명호로 모든 중생이 각기 다르므로 각각이 알고 보게 하시느니라.

諸佛子 此娑婆世界次下方 有世界 名爲關鑰 如來 於彼 或名發起焰 或名調伏毒 或名帝釋弓 或名無常所 或名覺悟本 或名斷增長 或名大速疾 或名常樂施 或名分別道 或名摧伏幢 如是等百億萬種種名號 令諸衆生 各別知見 諸佛子 此娑婆世界次上方 有世界 名曰振音 如來 於彼 或名勇猛幢 或名無量寶 或名樂大施 或名天光 或名吉興 或名超境界 或名一切主 或名不退輪 或名離衆惡 或名一切智 如是等百億萬種種名號 令諸衆生 各別知見

모든 불자여, 이 사바세계 하방에 다음 세계가 있으니 이름이 관약이니라. 여래를 그곳에서는 혹 발기염이라 이름하고, 혹 조복독이라 이름하며, 혹 제석궁이라 이름하고, 혹 무상소라 이름하며, 혹 각오본이라 이름하고, 혹 단증장이라 이름하며, 혹 대속질이라 이름하고, 혹 상락시라 이름하며, 혹 분별도라 이름하고, 혹 최복당이라 이름하니, 이와 같은 등 백억만의 갖가지 명호로 모든 중생이 각기 다르므로 각각이 알고 보게 하시느니라.

모든 불자여, 이 사바세계 상방에 다음 세계가 있으니 이름이 진음이니라. 여래를 그곳에서는 혹 용맹당이라 이름하고, 혹 무량보라 이름하며, 혹 낙대시라 이름하고, 혹 천광이라 이름하며, 혹 길흥이라 이름하고, 혹 초경계라 이름하며, 혹 일체주라 이름하고, 혹 불퇴륜이라 이름하며, 혹 이중악이라 이름하고, 혹 일체지라 이름하니, 이와 같은 등 백억만의 갖가지 명호로 모든 중생이 각기 다르므로 각각이 알고 보게 하시느니라.

諸佛子 如娑婆世界 如是東方百千億 無數無量無邊無等 不可數不可稱不可思不可量不可說 盡法界虛空界 諸世界中 如來名號 種種不同 南西北方 四維上下 亦復如是 如世尊昔爲菩薩時 以種種談論 種種語言 種種音聲 種種業 種種報 種種處 種種方便 種種根 種種信解 種種地位 而得成熟 亦令衆生 如是知見 而爲說法

모든 불자여, 사바세계와 같이 이렇게 동방으로 백천억 무수 무량 무변 무등 불가수 불가칭 불가사 불가량 불가설 수의 온법계와 허공계의 모든 세계 가운데의 여래 명호도 갖가지로 같지 않으니, 남서북방과 네 간방과 상방과 하방으로도 또한 다시 이와 같으니라.

세존께서 옛적에 보살로 계실 때에 갖가지 담론과 갖가지 말과 갖가지 음성과 갖가지 업과 갖가지 과보와 갖가지 처소와 갖가지 방편과 갖가지 근기와 갖가지 믿는 지혜와 갖가지 지위 등으로 성숙함을 얻으셨기에, 또한 중생이 이와 같이 알고 보게 하기 위해 법을 설하시느니라."

대원선사 결문

대원선사 결문(決文)

문 : 여래의 명호는 어떻게 생겨났습니까?

답 : 이 묘함이 여래의 명호이고, 갖가지 중생이 여래의 명호이며, 색상이 있는 것이나, 색상이 없는 것이나 모두 여래의 명호니라.

문 : 어찌하여 그렇습니까?

답 : 이렇기 때문이니라.

八 사성제품

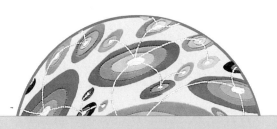

爾時 文殊師利菩薩摩訶薩 告諸菩薩言 諸佛子 苦聖諦 此娑婆世界中 或名罪 或名逼迫 或名變異 或名攀緣 或名聚 或名刺 或名依根 或名虛誑 或名癰瘡處 或名愚夫行 諸佛子 苦集聖諦 此娑婆世界中 或名繫縛 或名滅壞 或名愛着義 或名妄覺念 或名趣入 或名決定 或名網 或名戲論 或名隨行 或名顚倒根

문수사리보살이 사바세계 가운데의 사성제 이름을 설하다

이때 문수사리 보살마하살이 모든 보살에게 말하였다.

"모든 불자여, 고성제(苦聖諦)*를 이 사바세계 가운데에서는 혹 죄라 이름하고, 혹 핍박이라 이름하며, 혹 변이라 이름하고, 혹 반연이라 이름하며, 혹 취라 이름하고, 혹 자라 이름하며, 혹 의근이라 이름하고, 혹 허광이라 이름하며, 혹 옹창처라 이름하고, 혹 우부행이라 이름하느니라.

모든 불자여, 고집성제(苦集聖諦)를 이 사바세계 가운데에서는 혹 계박이라 이름하고, 혹 멸괴라 이름하며, 혹 애착의라 이름하고, 혹 망각념이라 이름하며, 혹 취입이라 이름하고, 혹 결정이라 이름하며, 혹 망이라 이름하고, 혹 희론이라 이름하며, 혹 수행이라 이름하고, 혹 전도근이라 이름하느니라.

諸佛子 苦滅聖諦 此娑婆世界中 或名無諍 或名離塵 或名寂靜 或名無相 或名無沒 或名無自性 或名無障礙 或名滅 或名體眞實 或名住自性 諸佛子 苦滅道聖諦 此娑婆世界中 或名一乘 或名趣寂 或名導引 或名究竟無分別 或名平等 或名捨擔 或名無所趣 或名隨聖意 或名仙人行 或名十藏 諸佛子 此娑婆世界 說四聖諦 有如是等四百億十千名 隨衆生心 悉令調伏

모든 불자여, 고멸성제(苦滅聖諦)를 이 사바세계 가운데에서는 혹 무쟁이라 이름하고, 혹 이진이라 이름하며, 혹 적정이라 이름하고, 혹 무상이라 이름하며, 혹 무몰이라 이름하고, 혹 무자성이라 이름하며, 혹 무장애라 이름하고, 혹 멸이라 이름하며, 혹 체진실이라 이름하고, 혹 주자성이라 이름하느니라.

모든 불자여, 고멸도성제(苦滅道聖諦)를 이 사바세계 가운데에서는 혹 일승이라 이름하고, 혹 취적이라 이름하며, 혹 도인이라 이름하고, 혹 구경무분별이라 이름하며, 혹 평등이라 이름하고, 혹 사담이라 이름하며, 혹 무소취라 이름하고, 혹 수성의라 이름하며, 혹 선인행이라 이름하고, 혹 십장이라 이름하느니라.

모든 불자여, 이 사바세계에서 사성제를 설하는데, 이와 같은 등 사백억만의 이름이 있으니, 중생의 마음을 따라 다 조복하게 함이니라.

諸佛子 此娑婆世界 所言苦聖諦者 彼密訓世界中 或名營求根 或名不出離 或名繫縛本 或名作所不應作 或名普鬪諍 或名分析悉無力 或名作所依 或名極苦 或名躁動 或名形狀物 諸佛子 所言苦集聖諦者 彼密訓世界中 或名順生死 或名染着 或名燒然 或名流轉 或名敗壞根 或名續諸有 或名惡行 或名愛着 或名病源 或名分數

문수사리보살이 밀훈세계 가운데의 사성제 이름을 설하다

모든 불자여, 이 사바세계에서 고성제라고 말하는 것을 저 밀훈세계 가운데에서는 혹 영구근이라 이름하고, 혹 불출리라 이름하며, 혹 계박본이라 이름하고, 혹 작소불응작이라 이름하며, 혹 보투쟁이라 이름하고, 혹 분석실무력이라 이름하며, 혹 작소의라 이름하고, 혹 극고라 이름하며, 혹 조동이라 이름하고, 혹 형상물이라 이름하느니라.

모든 불자여, 고집성제라고 말하는 것을 저 밀훈세계 가운데에서는 혹 순생사라 이름하고, 혹 염착이라 이름하며, 혹 소연이라 이름하고, 혹 유전이라 이름하며, 혹 패괴근이라 이름하고, 혹 속제유라 이름하며, 혹 악행이라 이름하고, 혹 애착이라 이름하며, 혹 병원이라 이름하고, 혹 분수라 이름하느니라.

諸佛子 所言苦滅聖諦者 彼密訓世界中 或名第一義 或名出離 或名可讚歎 或名安隱 或名善入趣 或名調伏 或名一分 或名無罪 或名離貪 或名決定 諸佛子 所言苦滅道聖諦者 彼密訓世界中 或名猛將 或名上行 或名超出 或名有方便 或名平等眼 或名離邊 或名了悟 或名攝取 或名最勝眼 或名觀方 諸佛子 密訓世界 說四聖諦 有如是等四百億十千名 隨衆生心 悉令調伏

모든 불자여, 고멸성제라고 말하는 것을 저 밀훈세계 가운데에서는 혹 제일의라 이름하고, 혹 출리라 이름하며, 혹 가찬탄이라 이름하고, 혹 안은이라 이름하며, 혹 선입취라 이름하고, 혹 조복이라 이름하며, 혹 일분이라 이름하고, 혹 무죄라 이름하며, 혹 이탐이라 이름하고, 혹 결정이라 이름하느니라.

모든 불자여, 고멸도성제라고 말하는 것을 저 밀훈세계 가운데에서는 혹 맹장이라 이름하고, 혹 상행이라 이름하며, 혹 초출이라 이름하고, 혹 유방편이라 이름하며, 혹 평등안이라 이름하고, 혹 이변이라 이름하며, 혹 요오라 이름하고, 혹 섭취라 이름하며, 혹 최승안이라 이름하고, 혹 관방이라 이름하느니라.

모든 불자여, 밀훈세계에서 사성제를 설하는데, 이와 같은 등 사백억만의 이름이 있으니, 중생의 마음을 따라 다 조복하게 함이니라.

諸佛子 此娑婆世界 所言苦聖諦者 彼最勝世界中 或名恐怖 或名分段 或名可厭惡 或名須承事 或名變異 或名招引怨 或名能欺奪 或名難共事 或名妄分別 或名有勢力 諸佛子 所言苦集聖諦者 彼最勝世界中 或名敗壞 或名癡根 或名大怨 或名利刃 或名滅味 或名仇對 或名非己物 或名惡導引 或名增黑暗 或名壞善利

문수사리보살이 최승세계 가운데의 사성제 이름을 설하다

모든 불자여, 이 사바세계에서 고성제라고 말하는 것을 저 최승세계 가운데에서는 혹 공포라 이름하고, 혹 분단이라 이름하며, 혹 가염오라 이름하고, 혹 수승사라 이름하며, 혹 변이라 이름하고, 혹 초인원이라 이름하며, 혹 능기탈이라 이름하고, 혹 난공사라 이름하며, 혹 망분별이라 이름하고, 혹 유세력이라 이름하느니라.

모든 불자여, 고집성제라고 말하는 것을 저 최승세계 가운데에서는 혹 패괴라 이름하고, 혹 치근이라 이름하며, 혹 대원이라 이름하고, 혹 이인이라 이름하며, 혹 멸미라 이름하고, 혹 구대라 이름하며, 혹 비기물이라 이름하고, 혹 악도인이라 이름하며, 혹 증흑암이라 이름하고, 혹 괴선리라 이름하느니라.

諸佛子 所言苦滅聖諦者 彼最勝世界中 或名大義 或名饒益 或名義中義 或名無量 或名所應見 或名離分別 或名最上調伏 或名常平等 或名可同住 或名無爲 諸佛子 所言苦滅道聖諦者 彼最勝世界中 或名能燒然 或名最上品 或名決定 或名無能破 或名深方便 或名出離 或名不下劣 或名通達 或名解脫性 或名能度脫 諸佛子 最勝世界 說四聖諦有如是等四百億十千名 隨衆生心 悉令調伏

모든 불자여, 고멸성제라고 말하는 것을 저 최승세계 가운데에서는 혹 대의라 이름하고, 혹 요익이라 이름하며, 혹 의중의라 이름하고, 혹 무량이라 이름하며, 혹 소응견이라 이름하고, 혹 이분별이라 이름하며, 혹 최상조복이라 이름하고, 혹 상평등이라 이름하며, 혹 가동주라 이름하고, 혹 무위라 이름하느니라.

모든 불자여, 고멸도성제라고 말하는 것을 저 최승세계 가운데에서는 혹 능소연이라 이름하고, 혹 최상품이라 이름하며, 혹 결정이라 이름하고, 혹 무능파라 이름하며, 혹 심방편이라 이름하고, 혹 출리라 이름하며, 혹 불하열이라 이름하고, 혹 통달이라 이름하며, 혹 해탈성이라 이름하고, 혹 능도탈이라 이름하느니라.

모든 불자여, 최승세계에서 사성제를 설하는데, 이와 같은 등 사백억만의 이름이 있으니, 중생의 마음을 따라 다 조복하게 함이니라.

諸佛子 此娑婆世界 所言苦聖諦者 彼離垢世界中 或名悔恨 或名資待 或名展轉 或名住城 或名一味 或名非法 或名居宅 或名妄着處 或名虛妄見 或名無有數 諸佛子 所言苦集聖諦者 彼離垢世界中 或名無實物 或名但有語 或名非潔白 或名生地 或名執取 或名鄙賤 或名增長 或名重擔 或名能生 或名麤獷

문수사리보살이 이구세계 가운데의 사성제 이름을 설하다

모든 불자여, 이 사바세계에서 고성제라고 말하는 것을 저 이구세계 가운데에서는 혹 회한이라 이름하고, 혹 자대라 이름하며, 혹 전전이라 이름하고, 혹 주성이라 이름하며, 혹 일미라 이름하고, 혹 비법이라 이름하며, 혹 거택이라 이름하고, 혹 망착처라 이름하며, 혹 허망견이라 이름하고, 혹 무유수라 이름하느니라.

모든 불자여, 고집성제라고 말하는 것을 저 이구세계 가운데에서는 혹 무실물이라 이름하고, 혹 단유어라 이름하며, 혹 비결백이라 이름하고, 혹 생지라 이름하며, 혹 집취라 이름하고, 혹 비천이라 이름하며, 혹 증장이라 이름하고, 혹 중담이라 이름하며, 혹 능생이라 이름하고, 혹 추광이라 이름하느니라.

諸佛子 所言苦滅聖諦者 彼離垢世界中 或名無等等 或名普除盡 或名離垢 或名最勝根 或名稱會 或名無資待 或名滅惑 或名最上 或名畢竟 或名破印 諸佛子 所言苦滅道聖諦者 彼離垢世界中 或名堅固物 或名方便分 或名解脫本 或名本性實 或名不可毀呰 或名最清淨 或名諸有邊 或名受寄全 或名作究竟 或名淨分別 諸佛子 離垢世界 說四聖諦 有如是等四百億十千名 隨衆生心 悉令調伏

모든 불자여, 고멸성제라고 말하는 것을 저 이구세계 가운데에서는 혹 무등등이라 이름하고, 혹 보제진이라 이름하며, 혹 이구라 이름하고, 혹 최승근이라 이름하며, 혹 칭회라 이름하고, 혹 무자대라 이름하며, 혹 멸혹이라 이름하고, 혹 최상이라 이름하며, 혹 필경이라 이름하고, 혹 파인이라 이름하느니라.

모든 불자여, 고멸도성제라고 말하는 것을 저 이구세계 가운데에서는 혹 견고물이라 이름하고, 혹 방편분이라 이름하며, 혹 해탈본이라 이름하고, 혹 본성실이라 이름하며, 혹 불가훼자라 이름하고, 혹 최청정이라 이름하며, 혹 제유변이라 이름하고, 혹 수기전이라 이름하며, 혹 작구경이라 이름하고, 혹 정분별이라 이름하느니라.

모든 불자여, 이구세계에서 사성제를 설하는데, 이와 같은 등 사백억만의 이름이 있으니, 중생의 마음을 따라 다 조복하게 함이니라.

諸佛子 此娑婆世界 所言苦聖諦者 彼豐溢世界中 或名愛染處 或名險害根 或名有海分 或名積集成 或名差別根 或名增長 或名生滅 或名障礙 或名刀劍本 或名數所成 諸佛子 所言苦集聖諦者 彼豐溢世界中 或名可惡 或名名字 或名無盡 或名分數 或名不可愛 或名能攫噬 或名麤鄙物 或名愛着 或名器 或名動

문수사리보살이 풍일세계 가운데의 사성제 이름을 설하다

모든 불자여, 이 사바세계에서 고성제라고 말하는 것을 저 풍일세계 가운데에서는 혹 애염처라 이름하고, 혹 험해근이라 이름하며, 혹 유해분이라 이름하고, 혹 적집성이라 이름하며, 혹 차별근이라 이름하고, 혹 증장이라 이름하며, 혹 생멸이라 이름하고, 혹 장애라 이름하며, 혹 도검본이라 이름하고, 혹 수소성이라 이름하느니라.

모든 불자여, 고집성제라고 말하는 것을 저 풍일세계 가운데에서는 혹 가오라 이름하고, 혹 명자라 이름하며, 혹 무진이라 이름하고, 혹 분수라 이름하며, 혹 불가애라 이름하고, 혹 능확서라 이름하며, 혹 추비물이라 이름하고, 혹 애착이라 이름하며, 혹 기라 이름하고, 혹 동이라 이름하느니라.

諸佛子 所言苦滅聖諦者 彼豐溢世界中 或名相續斷 或名開顯 或名無文字 或名無所修 或名無所見 或名無所作 或名寂滅 或名已燒盡 或名捨重擔 或名已除壞 諸佛子 所言苦滅道聖諦者 彼豐溢世界中 或名寂滅行 或名出離行 或名勤修證 或名安隱去 或名無量壽 或名善了知 或名究竟道 或名難修習 或名至彼岸 或名無能勝 諸佛子 豐溢世界說四聖諦 有如是等四百億十千名 隨衆生心 悉令調伏

모든 불자여, 고멸성제라고 말하는 것을 저 풍일세계 가운데에서는 혹 상속단이라 이름하고, 혹 개현이라 이름하며, 혹 무문자라 이름하고, 혹 무소수라 이름하며, 혹 무소견이라 이름하고, 혹 무소작이라 이름하며, 혹 적멸이라 이름하고, 혹 이소진이라 이름하며, 혹 사중담이라 이름하고, 혹 이제괴라 이름하느니라.

모든 불자여, 고멸도성제라고 말하는 것을 저 풍일세계 가운데에서는 혹 적멸행이라 이름하고, 혹 출리행이라 이름하며, 혹 근수증이라 이름하고, 혹 안은거라 이름하며, 혹 무량수라 이름하고, 혹 선료지라 이름하며, 혹 구경도라 이름하고, 혹 난수습이라 이름하며, 혹 지피안이라 이름하고, 혹 무능승이라 이름하느니라.

모든 불자여, 풍일세계에서 사성제를 설하는데, 이와 같은 등 사백억만의 이름이 있으니, 중생의 마음을 따라 다 조복하게 함이니라.

諸佛子 此娑婆世界 所言苦聖諦者 彼攝取世界中 或名能劫奪 或名非善友 或名多恐怖 或名種種戲論 或名地獄性 或名非實義 或名貪欲擔 或名深重根 或名隨心轉 或名根本空 諸佛子 所言苦集聖諦者 彼攝取世界中 或名貪着 或名惡成辦 或名過惡 或名速疾 或名能執取 或名想 或名有果 或名無可說 或名無可取 或名流轉

문수사리보살이 섭취세계 가운데의 사성제 이름을 설하다

모든 불자여, 이 사바세계에서 고성제라고 말하는 것을 저 섭취세계 가운데에서는 혹 능겁탈이라 이름하고, 혹 비선우라 이름하며, 혹 다공포라 이름하고, 혹 종종희론이라 이름하며, 혹 지옥성이라 이름하고, 혹 비실의라 이름하며, 혹 탐욕담이라 이름하고, 혹 심중근이라 이름하며, 혹 수심전이라 이름하고, 혹 근본공이라 이름하느니라.

모든 불자여, 고집성제라고 말하는 것을 저 섭취세계 가운데에서는 혹 탐착이라 이름하고, 혹 악성판이라 이름하며, 혹 과오라 이름하고, 혹 속질이라 이름하며, 혹 능집취라 이름하고, 혹 상이라 이름하며, 혹 유과라 이름하고, 혹 무가설이라 이름하며, 혹 무가취라 이름하고, 혹 유전이라 이름하느니라.

諸佛子 所言苦滅聖諦者 彼攝取世界中 或名不退轉 或名離言說 或名無相狀 或名可欣樂 或名堅固 或名上妙 或名離癡 或名滅盡 或名遠惡 或名出離 諸佛子 所言苦滅道聖諦者 彼攝取世界中 或名離言 或名無諍 或名教導 或名善迴向 或名大善巧 或名差別方便 或名如虛空 或名寂靜行 或名勝智 或名能了義 諸佛子 攝取世界 說四聖諦 有如是等四百億十千名 隨衆生心 悉令調伏

모든 불자여, 고멸성제라고 말하는 것을 저 섭취세계 가운데에서는 혹 불퇴전이라 이름하고, 혹 이언설이라 이름하며, 혹 무상장이라 이름하고, 혹 가흔락이라 이름하며, 혹 견고라 이름하고, 혹 상묘라 이름하며, 혹 이치라 이름하고, 혹 멸진이라 이름하며, 혹 원악이라 이름하고, 혹 출리라 이름하느니라.

모든 불자여, 고멸도성제라고 말하는 것을 저 섭취세계 가운데에서는 혹 이언이라 이름하고, 혹 무쟁이라 이름하며, 혹 교도라 이름하고, 혹 선회향이라 이름하며, 혹 대선교라 이름하고, 혹 차별방편이라 이름하며, 혹 여허공이 이름하고, 혹 적적행이라 이름하며, 혹 승지라 이름하고, 혹 능요의라 이름하느니라.

모든 불자여, 이 섭취세계에서 사성제를 설하는데, 이와 같은 등 사백억만의 이름이 있으니, 중생의 마음을 따라 다 조복하게 함이니라.

諸佛子 此娑婆世界 所言苦聖諦者 彼饒益世界中 或名重擔 或名不堅 或名如賊 或名老死 或名愛所成 或名流轉 或名疲勞 或名惡相狀 或名生長 或名利刃 諸佛子 所言苦集聖諦者 彼饒益世界中 或名敗壞 或名渾濁 或名退失 或名無力 或名喪失 或名乖違 或名不和合 或名所作 或名取 或名意欲

문수사리보살이 요익세계 가운데의 사성제 이름을 설하다

모든 불자여, 이 사바세계에서 고성제라고 말하는 것을 저 요익세계 가운데에서는 혹 중담이라 이름하고, 혹 불견이라 이름하며, 혹 여적이라 이름하고, 혹 노사라 이름하며, 혹 애소성이라 이름하고, 혹 유전이라 이름하며, 혹 피로라 이름하고, 혹 악상상이라 이름하며, 혹 생장이라 이름하고, 혹 이인이라 이름하느니라.

모든 불자여, 고집성제라고 말하는 것을 저 요익세계 가운데에서는 혹 패괴라 이름하고, 혹 혼탁이라 이름하며, 혹 퇴실이라 이름하고, 혹 무력이라 이름하며, 혹 상실이라 이름하고, 혹 괴위라 이름하며, 혹 불화합이라 이름하고, 혹 소작이라 이름하며, 혹 취라 이름하고, 혹 의욕이라 이름하느니라.

諸佛子 所言苦滅聖諦者 彼饒益世界中 或名出獄 或名眞實 或名離難 或名覆護 或名離惡 或名隨順 或名根本 或名捨因 或名無爲 或名無相續 諸佛子 所言苦滅道聖諦者 彼饒益世界中 或名達無所有 或名一切印 或名三昧藏 或名得光明 或名不退法 或名能盡有 或名廣大路 或名能調伏 或名有安隱 或名不流轉根 諸佛子 饒益世界 說四聖諦 有如是等四百億十千名 隨衆生心 悉令調伏

모든 불자여, 고멸성제라고 말하는 것을 저 요익세계 가운데에서는 혹 출옥이라 이름하고, 혹 진실이라 이름하며, 혹 이난이라 이름하고, 혹 부호라 이름하며, 혹 이악이라 이름하고, 혹 수순이라 이름하며, 혹 근본이라 이름하고, 혹 사인이라 이름하며, 혹 무위라 이름하고, 혹 무상속이라 이름하느니라.

모든 불자여, 고멸도성제라고 말하는 것을 저 요익세계 가운데에서는 혹 달무소유라 이름하고, 혹 일체인이라 이름하며, 혹 삼매장이라 이름하고, 혹 득광명이라 이름하며, 혹 불퇴법이라 이름하고, 혹 능진유라 이름하며, 혹 광대로라 이름하고, 혹 능조복이라 이름하며, 혹 유안은이라 이름하고, 혹 불류전근이라 이름하느니라.

모든 불자여, 요익세계에서 사성제를 설하는데, 이와 같은 등 사백억만의 이름이 있으니, 중생의 마음을 따라 다 조복하게 함이니라.

諸佛子 此娑婆世界 所言苦聖諦者 彼鮮少世界中 或名險樂欲 或名繫縛處 或名邪行 或名隨受 或名無慚耻 或名貪欲根 或名恒河流 或名常破壞 或名炬火性 或名多憂惱 諸佛子 所言苦集聖諦者 彼鮮少世界中 或名廣地 或名能趣 或名遠慧 或名留難 或名恐怖 或名放逸 或名攝取 或名着處 或名宅主 或名連縛

문수사리보살이 선소세계 가운데의 사성제 이름을 설하다

모든 불자여, 이 사바세계에서 고성제라고 말하는 것을 저 선소세계 가운데에서는 혹 험락욕이라 이름하고, 혹 계박처라 이름하며, 혹 사행이라 이름하고, 혹 수수라 이름하며, 혹 무참지라 이름하고, 혹 탐욕근이라 이름하며, 혹 항하류라 이름하고, 혹 상파괴라 이름하며, 혹 거화성이라 이름하고, 혹 다우뇌라 이름하느니라.

모든 불자여, 고집성제라고 말하는 것을 저 선소세계 가운데에서는 혹 광지라 이름하고, 혹 능취라 이름하며, 혹 원혜라 이름하고, 혹 유난이라 이름하며, 혹 공포라 이름하고, 혹 방일이라 이름하며, 혹 섭취라 이름하고, 혹 착처라 이름하며, 혹 택주라 이름하고, 혹 연박이라 이름하느니라.

諸佛子 所言苦滅聖諦者 彼鮮少世界中 或名充滿 或名不死 或名無我 或名無自性 或名分別盡 或名安樂住 或名無限量 或名斷流轉 或名絶行處 或名不二 諸佛子 所言苦滅道聖諦者 彼鮮少世界中 或名大光明 或名演說海 或名揀擇義 或名和合法 或名離取着 或名斷相續 或名廣大路 或名平等因 或名淨方便 或名最勝見 諸佛子 鮮少世界 說四聖諦 有如是等四百億十千名 隨衆生心 悉令調伏

모든 불자여, 고멸성제라고 말하는 것을 저 선소세계 가운데에서는 혹 충만이라 이름하고, 혹 불사라 이름하며, 혹 무아라 이름하고, 혹 무자성이라 이름하며, 혹 분별진이라 이름하고, 혹 안락주라 이름하며, 혹 무한량이라 이름하고, 혹 단류전이라 이름하며, 혹 절행처라 이름하고, 혹 불이라 이름하느니라.

모든 불자여, 고멸도성제라고 말하는 것을 저 선소세계 가운데에서는 혹 대광명이라 이름하고, 혹 연설해라 이름하며, 혹 간택의라 이름하고, 혹 화합법이라 이름하며, 혹 이취착이라 이름하고, 혹 단상속이라 이름하며, 혹 광대로라 이름하고, 혹 평등인이라 이름하며, 혹 정방편이라 이름하고, 혹 최승견이라 이름하느니라.

모든 불자여, 선소세계에서 사성제를 설하는데, 이와 같은 등 사백억만의 이름이 있으니, 중생의 마음을 따라 다 조복하게 함이니라.

諸佛子 此娑婆世界 所言苦聖諦者 彼歡喜世界中 或名流轉 或名出生 或名失利 或名染着 或名重擔 或名差別 或名內險 或名集會 或名惡舍宅 或名苦惱性 諸佛子 所言苦集聖諦者 彼歡喜世界中 或名地 或名方便 或名非時 或名非實法 或名無底 或名攝取 或名離戒 或名煩惱法 或名狹劣見 或名垢聚

문수사리보살이 환희세계 가운데의 사성제 이름을 설하다

모든 불자여, 이 사바세계에서 고성제라고 말하는 것을 저 환희세계 가운데에서는 혹 유전이라 이름하고, 혹 출생이라 이름하며, 혹 실리라 이름하고, 혹 염착이라 이름하며, 혹 중담이라 이름하고, 혹 차별이라 이름하며, 혹 내험이라 이름하고, 혹 집회라 이름하며, 혹 악사택이라 이름하고, 혹 고뇌성이라 이름하느니라.

모든 불자여, 고집성제라고 말하는 것을 저 환희세계 가운데에서는 혹 지라 이름하고, 혹 방편이라 이름하며, 혹 비시라 이름하고, 혹 비실법이라 이름하며, 혹 무저라 이름하고, 혹 섭취라 이름하며, 혹 이계라 이름하고, 혹 번뇌법이라 이름하며, 혹 협렬견이라 이름하고, 혹 구취라 이름하느니라.

諸佛子 所言苦滅聖諦者 彼歡喜世界中 或名破依止 或名不放逸 或名眞實 或名平等 或名善淨 或名無病 或名無曲 或名無相 或名自在 或名無生 諸佛子 所言苦滅道聖諦者 彼歡喜世界中 或名入勝界 或名斷集 或名超等類 或名廣大性 或名分別盡 或名神力道 或名衆方便 或名正念行 或名常寂路 或名攝解脫 諸佛子 歡喜世界 說四聖諦 有如是等四百億十千名 隨衆生心 悉令調伏

모든 불자여, 고멸성제라고 말하는 것을 저 환희세계 가운데에서는 혹 파의지라 이름하고, 혹 불방일이라 이름하며, 혹 진실이라 이름하고, 혹 평등이라 이름하며, 혹 선정이라 이름하고, 혹 무병이라 이름하며, 혹 무곡이라 이름하고, 혹 무상이라 이름하며, 혹 자재라 이름하고, 혹 무생이라 이름하느니라.

모든 불자여, 고멸도성제라고 말하는 것을 저 환희세계 가운데에서는 혹 입승계라 이름하고, 혹 단집이라 이름하며, 혹 초등류라 이름하고, 혹 광대성이라 이름하며, 혹 분별진이라 이름하고, 혹 신력도라 이름하며, 혹 중방편이라 이름하고, 혹 정념행이라 이름하며, 혹 상적로라 이름하고, 혹 섭해탈이라 이름하느니라.

모든 불자여, 환희세계에서 사성제를 설하는데, 이와 같은 등 사백억만의 이름이 있으니, 중생의 마음을 따라 다 조복하게 함이니라.

諸佛子 此娑婆世界 所言苦聖諦者 彼關鑰世界中 或名敗壞相 或名如坏器 或名我所成 或名諸趣身 或名數流轉 或名衆惡門 或名性苦 或名可棄捨 或名無味 或名來去 諸佛子 所言苦集聖諦者 彼關鑰世界中 或名行 或名憤毒 或名和合 或名受支 或名我心 或名雜毒 或名虛稱 或名乖違 或名熱惱 或名驚駭

문수사리보살이 관약세계 가운데의 사성제 이름을 설하다

모든 불자여, 이 사바세계에서 고성제라고 말하는 것을 저 관약세계 가운데에서는 혹 패괴상이라 이름하고, 혹 여배기라 이름하며, 혹 아소성이라 이름하고, 혹 제취신이라 이름하며, 혹 수류전이라 이름하고, 혹 중악문이라 이름하며, 혹 성고라 이름하고, 혹 가기사라 이름하며, 혹 무미라 이름하고, 혹 내거라 이름하느니라.

모든 불자여, 고집성제라고 말하는 것을 저 관약세계 가운데에서는 혹 행이라 이름하고, 혹 분독이라 이름하며, 혹 화합이라 이름하고, 혹 수지라 이름하며, 혹 아심이라 이름하고, 혹 잡독이라 이름하며, 혹 허칭이라 이름하고, 혹 괴위라 이름하며, 혹 열뇌라 이름하고, 혹 경해라 이름하느니라.

諸佛子 所言苦滅聖諦者 彼關鑰世界中 或名無積集 或名不可得 或名妙藥 或名不可壞 或名無着 或名無量 或名廣大 或名覺分 或名離染 或名無障礙 諸佛子 所言苦滅道聖諦者 彼關鑰世界中 或名安隱行 或名離欲 或名究竟實 或名入義 或名性究竟 或名淨現 或名攝念 或名趣解脫 或名救濟 或名勝行 諸佛子 關鑰世界 說四聖諦 有如是等四百億十千名 隨衆生心 悉令調伏

모든 불자여, 고멸성제라고 말하는 것을 저 관약세계 가운데에서는 혹 무적집이라 이름하고, 혹 불가득이라 이름하며, 혹 묘약이라 이름하고, 혹 불가괴라 이름하며, 혹 무착이라 이름하고, 혹 무량이라 이름하며, 혹 광대라 이름하고, 혹 각분이라 이름하며, 혹 이염이라 이름하고, 혹 무장애라 이름하느니라.

모든 불자여, 고멸도성제라고 말하는 것을 저 관약세계 가운데에서는 혹 안은행이라 이름하고, 혹 이욕이라 이름하며, 혹 구경실이라 이름하고, 혹 입의라 이름하며, 혹 성구경이라 이름하고, 혹 정현이라 이름하며, 혹 섭념이라 이름하고, 혹 취해탈이라 이름하며, 혹 구제라 이름하고, 혹 승행이라 이름하느니라.

모든 불자여, 관약세계에서 사성제를 설하는데, 이와 같은 등 사백억만의 이름이 있으니, 중생의 마음을 따라 다 조복하게 함이니라.

諸佛子 此娑婆世界 所言苦聖諦者 彼振音世界中 或名匿疵 或名世間 或名所依 或名傲慢 或名染着性 或名駛流 或名不可樂 或名覆藏 或名速滅 或名難調 諸佛子 所言苦集聖諦者 彼振音世界中 或名須制伏 或名心趣 或名能縛 或名隨念起 或名至後邊 或名共和合 或名分別 或名門 或名飄動 或名隱覆

문수사리보살이 진음세계 가운데의 사성제 이름을 설하다

모든 불자여, 이 사바세계에서 고성제라고 말하는 것을 저 진음세계 가운데에서는 혹 익자라 이름하고, 혹 세간이라 이름하며, 혹 소의라 이름하고, 혹 오만이라 이름하며, 혹 염착성이라 이름하고, 혹 사류라 이름하며, 혹 불가락이라 이름하고, 혹 부장이라 이름하며, 혹 속멸이라 이름하고, 혹 난조라 이름하느니라.

모든 불자여, 고집성제라고 말하는 것을 저 진음세계 가운데에서는 혹 수제복이라 이름하고, 혹 심취라 이름하며, 혹 능박이라 이름하고, 혹 수념기라 이름하며, 혹 지후변이라 이름하고, 혹 공화합이라 이름하며, 혹 분별이라 이름하고, 혹 문이라 이름하며, 혹 표동이라 이름하고, 혹 은부라 이름하느니라.

諸佛子 所言苦滅聖諦者 彼振音世界中 或名無依處 或名不可取 或名轉還 或名離諍 或名小 或名大 或名善淨 或名無盡 或名廣博 或名無等價 諸佛子 所言苦滅道聖諦者 彼振音世界中 或名觀察 或名能摧敵 或名了知印 或名能入性 或名難敵對 或名無限義 或名能入智 或名和合道 或名恒不動 或名殊勝義 諸佛子 振音世界 說四聖諦 有如是等四百億十千名 隨衆生心 悉令調伏

모든 불자여, 고멸성제라고 말하는 것을 저 진음세계 가운데에서는 혹 무의처라 이름하고, 혹 불가취라 이름하며, 혹 전환이라 이름하고, 혹 이쟁이라 이름하며, 혹 소라 이름하고, 혹 대라 이름하며, 혹 선정이라 이름하고, 혹 무진이라 이름하며, 혹 광박이라 이름하고, 혹 무등가라 이름하느니라.

모든 불자여, 고멸도성제라고 말하는 것을 저 진음세계 가운데에서는 혹 관찰이라 이름하고, 혹 능최적이라 이름하며, 혹 요지인이라 이름하고, 혹 능입성이라 이름하며, 혹 난적대라 이름하고, 혹 무한의라 이름하며, 혹 능입지라 이름하고, 혹 화합도라 이름하며, 혹 항부동이라 이름하고, 혹 수승의라 이름하느니라.

모든 불자여, 진음세계에서 사성제를 설하는데, 이와 같은 등 사백억만의 이름이 있으니, 중생의 마음을 따라 다 조복하게 함이니라.

諸佛子 如此娑婆世界中 說四聖諦 有四百億十千名 如是東方百千億 無數無量無邊無等 不可數不可稱不可思不可量不可說 盡法界虛空界 所有世界 彼一一世界中 說四聖諦亦各有四百億十千名 隨衆生心 悉令調伏 如東方 南西北方 四維上下 亦復如是 諸佛子 如娑婆世界 有如上所說十方世界 彼一切世界 亦各有如是十方世界 一一世界中 說苦聖諦 有百億萬種名 說集聖諦 滅聖諦 道聖諦 亦各有百億萬種名 皆隨衆生心之所樂 令其調伏

문수사리 보살이 무량세계 무량수의 사성제 이름은 중생의 마음이 즐거워하는 바를 따라 그들을 조복하게 함임을 설하다

모든 불자여, 사바세계 가운데에서 사성제를 설하는데 사백억만의 이름이 있듯이, 이와 같이 동방으로 백천억 무수무량 무변 무등 불가수 불가칭 불가사 불가량 불가설 수의 온 법계와 허공계에도 세계가 있으며, 저 낱낱의 세계 가운데에서 사성제를 말하는 데에도 또한 각각 사백억만의 이름이 있으니, 중생의 마음을 따라 다 조복하게 함이니라. 동방과 같이 남서북방과 네 간방과 상방과 하방도 또한 다시 이와 같느니라.

모든 불자여, 사바세계와 같이, 위에서 말한 시방의 세계와 같이, 그 일체 세계에도 또한 각각 이와 같은 시방세계가 있고, 낱낱의 세계 가운데에서 고성제를 설하는 데에 백억만 가지의 이름이 있으며, 집성제, 멸성제, 도성제를 설하는 데에도 또한 각각 백억만 가지의 이름이 있으니, 다 중생의 마음이 즐거워하는 바를 따라서 그들이 조복하게 함이니라."

대원선사 결문

대원선사 결문(決文)

고향 떠난 떠돌이 신세의 일이라고는 하나, 실은 고향집 장엄임을 어쩌랴.

하. 하. 하.

문 : 사성제란 어떤 것입니까?

답 : 근본 없는 것이니라.

문 : 근본도 없는 것이라면 네 가지 이름은 어떻게 생겼습니까?

답 : 그대 같은 이가 있어 생긴 것이니라.

문 : 사성제와 상관없는 이가 되려면 어찌해야 하겠습니까?

답 : 그대 코도 일러준다.

미주

* 고성제(苦聖諦) : 사성제(四聖諦)의 하나이다. 사성제는 불교의 중심 교리로서 네 가지 성스러운 진리라는 뜻이다. 인생의 모든 문제와 그 해결 방법으로 고제(苦諦)·집제(集諦)·멸제(滅諦)·도제(道諦)를 말하고 있다. 고제는 범부 중생의 현실세계는 모두가 괴로움이라는 것이다. 집제는 현실세계의 모든 괴로움의 원인을 설명하는 것으로, 갈애·무명·번뇌의 애욕 집착 때문에 십이인연으로 한없이 윤회하게 된다는 것이다. 멸제는 온갖 괴로움을 멸하고 무명·번뇌를 멸하는 것으로 이것이 곧 열반이요, 해탈이라는 것이다. 도제는 괴로움과 무명·번뇌를 멸하여 열반·해탈을 얻어 십이인연을 자유자재하는 방법을 말한다.

* 성품의 몸〔體性〕 : 원문에 '체성(體性)'이라고 되어 있는데, 물(物)의 실질(實質)은 체가 되고 체의 고쳐짐이 없는 것이 성이니, 체는 곧 성이다.

* 십원(十願) : 십대원(十大願)이라고도 한다. 모든 보살과 보현보살과 여래의 십대원이 있다. ❶ 모든 보살의 십대원. ① 중생을 성숙시키는 데 피곤함이 없기를 원하는 것. ② 온갖 선행을 하여 세계를 청정하게 하기를 원하는 것. ③ 여래를 받들어 섬기며 항상 존중하기를 원하는 것. ④ 정법을 수호하고 지니면서 목숨을 아끼지 않기를 원하는 것. ⑤ 지혜로 관찰하여 여러 불국토에 들어가기를 원하는

것. ⑥ 모든 보살과 더불어 본성에서 동일하기를 원하는 것. ⑦ 여래의 문에 들어가 모든 법에 통달하기를 원하는 것. ⑧ 보는 이가 믿음을 내어 이익을 얻지 못함이 없기를 원하는 것. ⑨ 신통한 힘으로 미래가 다하도록 이 세상에 머물기를 원하는 것. ⑩ 보현행을 갖추고 일체종지의 문을 청정하게 하기를 원하는 것. **2** 보현보살십종대원(普賢菩薩十種大願). ① 모든 부처님께 예경하는 것. ② 여래를 일컬어 찬탄하는 것. ③ 널리 닦는 것으로 공양하는 것. ④ 업장을 참회하여 없애는 것. ⑤ 다른 이의 공덕을 따라서 기뻐하는 것. ⑥ 법륜을 굴리시기를 청하는 것. ⑦ 부처님께 세간에 오래 머무르시기를 청하는 것. ⑧ 항상 부처님을 따라서 배우는 것. ⑨ 항상 중생의 뜻에 따라주는 것. ⑩ 널리 모두 회향하는 것. **3** 여래십대발원문(如來十大發願文). ① 나 이제 삼악도를 여의옵기 원입니다. ② 나 이제 탐진치를 어서 끊기 원입니다. ③ 나 이제 불법승을 항상 듣기 원입니다. ④ 나 이제 계정혜를 힘껏 닦기 원입니다. ⑤ 나 이제 부처님법 늘 배우기 원입니다. ⑥ 나 이제 보리마음 퇴전 않기 원입니다. ⑦ 나 이제 극락세계 태어나기 원입니다. ⑧ 나 이제 아미타불 만나 뵙기 원입니다. ⑨ 나 이제 온 누리에 몸 나투기 원입니다. ⑩ 나는 널리 모든 중생 제도하기 원입니다.

* 십장(十藏) : 돈황본 화엄경장을 보면 '장(藏)'은 바다처럼 넓고 깊

은 법해(法海)를 나타내는 말이라고 하였다. 또한 칠처구회송석장을 보면 "신(信) 등 십행(十行) 하나하나의 본체에 무한한 법계를 머금고 끝이 없는 과를 낳으므로 장이라 한다."라고 하였다. 십장에는 세 가지가 있다. ❶ 화엄종에서 보살의 행법을 부처님께서 설하는 교법에 따라 분류한 열 가지 장(藏). ① 신장(信藏). ② 계장(戒藏). ③ 참장(慚藏). ④ 괴장(愧藏). ⑤ 문장(聞藏). ⑥ 시장(施藏). ⑦ 혜장(慧藏). ⑧ 정념장(正念藏). ⑨ 지장(持藏). ⑩ 변장(辯藏)이다. ❷ 십회향 가운데 다섯 번째 지위인 무진공덕장회향(無盡功德藏廻向)의 보살이 지니고 있는 열 가지 장. ① 모든 법을 분별하여 아는 장. ② 모든 법을 낳을 수 있는 장. ③ 모든 다라니법을 두루 비추는 장. ④ 모든 법에 대한 언변을 분별하여 해탈하는 장. ⑤ 모든 법에 대하여 말로 표현할 수 없는 뛰어난 방편을 깨닫는 장. ⑥ 모든 부처님이 지닌 자유자재한 힘과 큰 신통변화를 나타내는 장. ⑦ 모든 법에 대하여 평등하고 뛰어난 방편을 낳는 장. ⑧ 모든 부처님에게서 벗어나지 않고 언제나 친견하는 장. ⑨ 부사의겁 동안 펼쳐지는 모든 현상이 허깨비와 같고 뛰어난 방편임을 깨닫는 장. ⑩ 모든 부처님과 보살에 대하여 기뻐하고 공경하는 장. ❸ 팔지(八地) 이상의 보살이 갖춘 덕을 열 가지로 나눈 것. ① 여래의 종성을 끊지 않는 보살장. ② 여래의 정법을 받아서 지니고 수호하는 보살장. ③ 승보

(僧寶)를 기르는 보살장. ④ 깨달을 수 있는 중생을 반드시 깨닫도록 하는 보살장. ⑤ 깨달음과 미혹이 결정되지 않은 중생을 교화시켜 성숙하도록 하는 보살장. ⑥ 대비심을 일으켜 결코 깨달을 수 없는 중생을 구호하는 보살장. ⑦ 무너뜨릴 수 없는 여래의 십력을 완전히 실현하는 보살장. ⑧ 사무외의 경지에 머물며 사자의 포효와 같은 설법을 하는 보살장. ⑨ 부처님의 십팔불공법(十八不共法)을 터득한 보살장. ⑩ 모든 중생, 모든 불국토, 모든 법, 모든 부처님의 진실을 평등하게 깨닫는 보살장.

* 십정(十頂) : 십정은 십인(十忍)을 말한다. 보살이 무명 번뇌를 끊고, 온갖 법이 본래 적연(寂然)한 줄을 깨달을 때에 생기는 열 가지 안주심(安住心). ① 음성인(音聲忍). 음향인(音響忍)이라고도 함. 여러 부처님들이 설법하는 소리에 의하여, 진리를 깨닫고 안주(安住)함. ② 순인(順忍). 지혜로 온갖 법을 생각하고 관찰하여, 진리에 수순(隨順)함. ③ 무생인(無生忍). 불생불멸하는 진여법성(眞如法性)을 증득하여 결정 안주하고, 온갖 법의 형상을 여의는 것. ④ 여환인(如幻忍). 온갖 법은 인연으로 생기는 것으로 그 성품이 적멸한 것이 마치 환(幻)과 같은 줄 알고 안주함. ⑤ 여염인(如焰忍). 물(物)과 심(心)의 현상은 다 아지랑이와 같은 존재로 본성이 공적한 것이라 알고 안주함. ⑥ 여몽인(如夢忍). 범부의 망심(妄心)은 꿈속의 경계와

같이, 진실성이 없는 줄 알고 안주함. ⑦ 여향인(如響忍). 범부의 귀에 들리는 언어 음성은 인연으로 생긴 것이니, 메아리와 같이 진실성이 없는 줄 알고 안주함. ⑧ 여영인(如影忍). 범부의 몸은 5온이 모여 생긴 일시적인 집합체로서 진실성이 없는 것이, 마치 그림자와 같은 줄 알고 안주함. ⑨ 여화인(如化忍). 온갖 법은 생멸 변화하는 것으로 있는 듯하다가도 없고, 없는 듯하다가도 있어서 마치 변화하는 사상(事象)과 같아서 그 실체가 없는 줄 알고 안주함. ⑩ 여공인(如空忍). 세간과 출세간의 온갖 법은 허공과 같아서 붙잡을 수 있는 실체가 없는 줄 알고 안주함.

* 십정(十定) : 십정은 모든 부처님이 적(寂)과 용(用)을 자유자재로 부리며 어디에나 두루 나투는 대체(大體)를 말한다.
* 십주(十住) : 보살의 수행계위 52위(位) 중 제11위에서 제20위까지의 계위. 십지주(十地住), 십법주(十法住)라고도 한다. 십신(十信) 이후 십행(十行) 이전에 해당한다.
* 십지(十地) : 보살의 수행계위 52위 중 제41위에서 제50위까지의 계위.
* 십통(十通) : 선정의 작용으로 일어나는 열 가지 신통. ① 타심통. ② 천안통. ③ 숙명통. ④ 지미래통. ⑤ 천이통. ⑥ 왕일체찰. ⑦ 선별언사. ⑧ 무수색신. ⑨ 달일체법. ⑩ 입일체멸진삼매. 이는 육신통

을 상세히 펼쳐서 이루어진 십통이다.

* 십행(十行) : 보살의 수행계위 52위 중 제21위에서 제30위까지의 계위. 열 가지 이타행. 십행심(十行心)이라고도 한다.

* 십회향(十廻向) : 보살의 수행계위 52위 중 제31위에서 제40위까지의 계위. 십회향심(十廻向心)이라고도 하며 줄임말은 십향(十向)이다. 대자비심으로 십신(十信), 십해(十解), 십행(十行) 등의 단계에서 닦은 공덕을 모든 중생을 구제하기 위해 베풀어 줌으로써 자신과 타인이 함께 불과(佛果)를 향해 나아가고자 하는 열 가지 단계를 말한다.

* 여래(如來) : 부처님의 열 가지 명호 중 하나.

* 열 부처님〔十佛〕: 해경십불(解境十佛) - 화엄종에서 진실한 지해(智解)로써 법계를 볼 때에는 만유는 모두 불신(佛身)이라 하여, 이것을 중생신(衆生身), 국토신(國土身), 업보신(業報身), 성문신(聲聞身), 연각신(緣覺身), 보살신(菩薩身), 여래신(如來身), 지신(智身), 법신(法身), 허공신(虛空身)의 10종으로 나눈 것. 행경십불(行境十佛) - 화엄종에서 수행한 결과로 깨달아 얻는 불신(佛身)의 경계를 10종으로 나눈 것. ① 정각불(正覺佛) 또는 무착불(無着佛). ② 원불(願佛). ③ 업보불(業報佛). ④ 주지불(住持佛). ⑤ 화불(化佛). ⑥ 법계불(法界佛). ⑦ 심불(心佛). ⑧ 삼매불(三昧佛). ⑨ 성불(性佛). ⑩ 여의불(如

意佛).

* 위신력(威神力) : 부처님의 과위에 있는 존엄하고 측량할 수 없는 부사의한 힘.

81권 화엄경 권과 품

1. 세주묘엄품(世主妙嚴品)	화엄경 1권 ~ 5권
2. 여래현상품(如來現相品)	화엄경 6권
3. 보현삼매품(普賢三昧品)	화엄경 7권
4. 세계성취품(世界成就品)	화엄경 7권
5. 화장세계품(華藏世界品)	화엄경 8권 ~ 10권
6. 비로자나품(毘盧遮那品)	화엄경 11권
7. 여래명호품(如來名號品)	화엄경 12권
8. 사성제품(四聖諦品)	화엄경 12권
9. 광명각품(光明覺品)	화엄경 13권
10. 보살문명품(菩薩問明品)	화엄경 13권
11. 정행품(淨行品)	화엄경 14권
12. 현수품(賢首品)	화엄경 14권 ~ 15권
13. 승수미산정품(升須彌山頂品)	화엄경 16권
14. 수미정상게찬품(須彌頂上偈讚品)	화엄경 16권
15. 십주품(十住品)	화엄경 16권
16. 범행품(梵行品)	화엄경 17권
17. 초발심공덕품(初發心功德品)	화엄경 17권
18. 명법품(明法品)	화엄경 18권
19. 승야마천궁품(昇夜摩天宮品)	화엄경 19권
20. 야마궁중게찬품(夜摩宮中偈讚品)	화엄경 19권

21. 십행품(十行品)	화엄경 19권 ~ 20권
22. 십무진장품(十無盡藏品)	화엄경 21권
23. 승도솔천궁품(昇兜率天宮品)	화엄경 22권
24. 도솔궁중게찬품(兜率宮中偈讚品)	화엄경 23권
25. 십회향품(十廻向品)	화엄경 23권 ~ 33권
26. 십지품(十地品)	화엄경 34권 ~ 39권
27. 십정품(十定品)	화엄경 40권 ~ 43권
28. 십통품(十通品)	화엄경 44권
29. 십인품(十忍品)	화엄경 44권
30. 아승기품(阿僧祇品)	화엄경 45권
31. 여래수량품(如來壽量品)	화엄경 45권
32. 제보살주처품(諸菩薩住處品)	화엄경 45권
33. 불부사의법품(佛不思議法品)	화엄경 46권 ~ 47권
34. 여래십신상해품(如來十身相海品)	화엄경 48권
35. 여래수호광명공덕품(如來隨好光明功德品)	화엄경 48권
36. 보현행품(普賢行品)	화엄경 49권
37. 여래출현품(如來出現品)	화엄경 50권 ~ 52권
38. 이세간품(離世間品)	화엄경 53권 ~ 59권
39. 입법계품(入法界品)	화엄경 60권 ~ 80권
40. 보현행원품(普賢行願品)	화엄경 81권

부록 1

불조정맥

불조정맥(佛祖正脈)

인 도

교조 석가모니불 (教祖 釋迦牟尼佛)
1조 마하가섭 (摩訶迦葉)
2조 아난다 (阿難陀)
3조 상나화수 (商那和脩)
4조 우바국다 (優波鞠多)
5조 제다가 (堤多迦)
6조 미차가 (彌遮迦)
7조 바수밀 (婆須密)
8조 불타난제 (佛陀難堤)
9조 복타밀다 (伏馱密多)
10조 파율습박(협) (波栗濕縛, 脇)
11조 부나야사 (富那夜奢)
12조 아나보리(마명) (阿那菩堤, 馬鳴)
13조 가비마라 (迦毗摩羅)

14조 나가르주나(용수) (那閼羅樹那, 龍樹)

15조 가나제바 (迦那堤波)

16조 라후라타 (羅睺羅陀)

17조 승가난제 (僧伽難提)

18조 가야사다 (迦耶舍多)

19조 구마라다 (鳩摩羅多)

20조 사야다 (闍夜多)

21조 바수반두 (婆修盤頭)

22조 마노라 (摩拏羅)

23조 학륵나 (鶴勒那)

24조 사자보리 (師子菩提)

25조 바사사다 (婆舍斯多)

26조 불여밀다 (不如密多)

27조 반야다라 (般若多羅)

28조 보리달마 (菩提達磨)

중 국

29조 신광 혜가 (2조 神光 慧可)

30조 감지 승찬 (3조 鑑智 僧璨)

31조 대의 도신 (4조 大醫 道信)

32조 대만 홍인 (5조 大滿 弘忍)
33조 대감 혜능 (6조 大鑑 慧能)
34조 남악 회양 (7조 南嶽 懷讓)
35조 마조 도일 (8조 馬祖 道一)
36조 백장 회해 (9조 百丈 懷海)
37조 황벽 희운 (10조 黃檗 希雲)
38조 임제 의현 (11조 臨濟 義玄)
39조 흥화 존장 (12조 興化 存奬)
40조 남원 혜옹 (13조 南院 慧顒)
41조 풍혈 연소 (14조 風穴 延沼)
42조 수산 성념 (15조 首山 省念)
43조 분양 선소 (16조 汾陽 善昭)
44조 자명 초원 (17조 慈明 楚圓)
45조 양기 방회 (18조 楊岐 方會)
46조 백운 수단 (19조 白雲 守端)
47조 오조 법연 (20조 五祖 法演)
48조 원오 극근 (21조 圓悟 克勤)
49조 호구 소륭 (22조 虎丘 紹隆)
50조 응암 담화 (23조 應庵 曇華)
51조 밀암 함걸 (24조 密庵 咸傑)
52조 파암 조선 (25조 破庵 祖先)
53조 무준 사범 (26조 無準 師範)
54조 설암 혜랑 (27조 雪岩 慧郎)
55조 급암 종신 (28조 及庵 宗信)
56조 석옥 청공 (29조 石屋 淸珙)

한 국

57조 태고 보우 (1 조 太古 普愚)
58조 환암 혼수 (2 조 幻庵 混脩)
59조 구곡 각운 (3 조 龜谷 覺雲)
60조 벽계 정심 (4 조 碧溪 淨心)
61조 벽송 지엄 (5 조 碧松 智儼)
62조 부용 영관 (6 조 芙蓉 靈觀)
63조 청허 휴정 (7 조 淸虛 休靜)
64조 편양 언기 (8 조 鞭羊 彦機)
65조 풍담 의심 (9 조 楓潭 義諶)
66조 월담 설제 (10조 月潭 雪霽)
67조 환성 지안 (11조 喚醒 志安)
68조 호암 체정 (12조 虎巖 體淨)
69조 청봉 거안 (13조 靑峰 巨岸)
70조 율봉 청고 (14조 栗峰 靑杲)
71조 금허 법첨 (15조 錦虛 法沾)
72조 용암 혜언 (16조 龍巖 慧言)
73조 영월 봉율 (17조 詠月 奉律)
74조 만화 보선 (18조 萬化 普善)
75조 경허 성우 (19조 鏡虛 惺牛)
76조 만공 월면 (20조 滿空 月面)
77조 전강 영신 (21조 田岡 永信)
78대 대원 문재현 (22대 大圓 文載賢)

부록 2

대원 문재현 선사님 인가 내력

대원 문재현 선사님 인가 내력

제 1 오도송

이 몸을 끄는 놈 이 무슨 물건인가?
골똘히 생각한 지 서너 해 되던 때에
쉬이하고 불어온 솔바람 한 소리에
홀연히 대장부의 큰 일을 마치었네

무엇이 하늘이고 무엇이 땅이런가
이 몸이 청정하여 이러-히 가없어라
안팎 중간 없는 데서 이러-히 응하니
취하고 버림이란 애당초 없다네

하루 온종일 시간이 다하도록
헤아리고 분별한 그 모든 생각들이

옛 부처 나기 전의 오묘한 소식임을
듣고서 의심 않고 믿을 이 누구인가!

此身運轉是何物
疑端汨沒三夏來
松頭吹風其一聲
忽然大事一時了

何謂靑天何謂地
當體淸淨無邊外
無內外中應如是
小分取捨全然無

一日於十有二時
悉皆思量之分別
古佛未生前消息
聞者卽信不疑誰

대원 문재현 선사님의 스승이신 불조정맥 제77조 조계종(曹溪宗) 전강(田岡) 대선사님께서 1962년 대구 동화사의 조실로 계실 당시 대원 문재현 선사님께서도 동화사에 함께 머무르고 계셨다.

하루는, 전강 대선사님께서 대원 선사님의 3연으로 되어 있는 제1오도송을 들어 깨달은 바는 분명하나 대개 오도송은 짧게 짓는다

고 말씀하셨다. 이에 대원 선사님께서는 제1오도송을 읊은 뒤, 도솔암을 떠나 김제들을 지나다가 석양의 해와 달을 보고 문득 읊었던 제2오도송을 일러드렸다.

제 2 오도송

해는 서산 달은 동산 덩실하게 얹혀 있고
김제의 평야에는 가을빛이 가득하네
대천이란 이름자도 서지를 못하는데
석양의 마을길엔 사람들 오고 가네

日月兩嶺載同模
金提平野滿秋色
不立大千之名字
夕陽道路人去來

제2오도송을 들으신 전강 대선사님께서는 이에 그치지 않고 그와 같은 경지를 담은 게송을 이 자리에서 즉시 한 수 지어볼 수 있겠냐고 하셨다. 대원 선사님께서는 곧바로 다음과 같이 읊으셨다.

바위 위에는 솔바람이 있고

산 아래에는 황조가 날도다
대천도 흔적조차 없는데
달밤에 원숭이가 어지러이 우는구나

岩上在松風
山下飛黃鳥
大千無痕迹
月夜亂猿啼

전강 대선사님께서는 위 송의 앞의 두 구를 들으실 때만 해도 지그시 눈을 감고 계시다가 뒤의 두 구를 마저 채우자 문득 눈을 뜨고 기뻐하는 빛이 역력하셨다.

그러나 전강 대선사님께서는 여기에서도 그치지 않고 다시 한 번 물으셨다.

"대중들이 자네를 산으로 불러내고 그중에 법성(향곡 스님 법제자인 진제 스님. 동화사 선방에 있을 당시에 '법성'이라 불렸고, 나중에 '법원'으로 개명하였다.)이 달마불식(達磨不識) 도리를 일러보라 했을 때 '드러났다'라고 답했다는데, 만약에 자네가 당시의 양무제였다면 '모르오'라고 이르고 있는 달마 대사에게 어떻게 했겠는가?"

대원 선사님께서 답하셨다.

"제가 양무제였다면 '성인이라 함도 서지 못하나 이러-히 짐의 덕화와 함께 어우러짐이 더욱 좋지 않겠습니까?' 하며 달마 대사의

손을 잡아 일으켰을 것입니다."

전강 대선사님께서 탄복하며 말씀하셨다.

"어느새 그 경지에 이르렀는가?"

"이르렀다곤들 어찌 하며, 갖추었다곤들 어찌 하며, 본래라곤들 어찌 하리까? 오직 이러-할 뿐인데 말입니다."

대원 선사님께서 연이어 말씀하시자 전강 대선사님께서 이에 환희하시니 두 분이 어우러진 자리가 백아가 종자기를 만난 듯, 고수 명창 어울리듯 화기애애하셨다.

달마불식 공안에 대한 위의 문답은 내력이 있는 것이다. 전강 대선사님께서 대원 선사님을 부르기 며칠 전에, 저녁 입선 시간 중에 노장님 몇 분만이 자리에 앉아있을 뿐 자리가 텅텅 비어 있었다고 한다.

대원 선사님께서 이상히 여기고 있던 중, 밖에서 한 젊은 수좌가 대원 선사님을 불렀다. 그 수좌의 말이 스님들이 모두 윗산에 모여 기다리고 있으니 가자고 하기에 무슨 일인가 하고 따라가셨다.

그러자 그 자리에 있던 법성 스님이 보자마자 달마불식 법문을 들고 이르라고 하기에 지체없이 답하셨다.

"드러났다."

곁에 계시던 송암 스님께서 또 안수정등 법문을 들고 물으셨다.

"여기서 어떻게 살아나겠소?"

대뜸 큰소리로 이르셨다.

"안 · 수 · 정 · 등."

이에 좌우에 모인 스님들이 함구무언(緘口無言)인지라 대원 선사님께서는 먼저 그 자리를 떠나 내려와 버리셨다.

그 다음날 입승인 명허 스님께서 아침 공양이 끝난 자리에서 지난 밤 입선시간 중에 무단으로 자리를 비운 까닭을 묻는 대중 공사를 붙여 산 중에서 있었던 일들이 낱낱이 드러나고 말았다. 그리하여 입선시간 중에 자리를 비운 스님들은 가사 장삼을 수하고 조실인 전강 대선사님께 참회의 절을 했던 일이 있었다.

전강 대선사님께서는 이때에 대원 선사님께서 달마불식 도리에 대해 일렀던 경지를 점검하셨던 것이다.

이런 철저한 검증의 자리가 있었던 다음 날, 전강 대선사님께서 부르시기에 대원 선사님께서 가보니 주지인 월산(月山) 스님께서 모든 것이 약조된 데에서 입회해 계셨으며 전강 대선사님께서는 곧바로 다음과 같이 전법게(傳法偈)를 전해주셨다.

전 법 게

부처와 조사도 일찍이 전한 것이 아니거늘
나 또한 어찌 받았다 하며 준다 할 것인가
이 법이 2천년대에 이르러서
널리 천하 사람을 제도하리라

佛祖未曾傳
我亦何受授
此法二千年
廣度天下人

덧붙여 이 일은 월산 스님이 증인이며 2000년까지 세 사람 모두 절대 다른 사람이 알게 하거나 눈에 띄게 하지 않아야 한다고 당부하셨다.

만약 그러지 않을 시에는 대원 선사님께서 법을 펴 나가는데 장애가 있을 것이라고 예언하셨다. 또한 각별히 신변을 조심하라 하시고 월산 스님에게 명령해 대원 선사님을 동화사의 포교당인 보현사에 내려가 교화에 힘쓰게 하셨다.

대원 선사님께서 보현사로 떠나는 날, 전강 대선사님께서는 미리 적어두셨던 부송(付頌)을 주셨으니 다음과 같다.

부 송

어상을 내리지 않고 이러-히 대한다 함이여
뒷날 돌아이가 구멍 없는 피리를 불리니
이로부터 불법이 천하에 가득하리라

不下御床對如是
後日石兒吹無孔
自此佛法滿天下

위의 송의 '어상을 내리지 않고 이러-히 대한다 함이여'라는 첫째 줄 역시 내력이 있는 구절이다.

전에 대원 선사님께서 전강 대선사님을 군산 은적사에서 모시고 계실 당시 마당에서 홀연히 마주쳤을 때 다음과 같은 문답이 있었다.

전강 대선사님께서 물으셨다.

"공적(空寂)의 영지(靈知)를 이르게."

대원 선사님께서 대답하셨다.

"이러-히 스님과 대담(對談)합니다."

"영지의 공적을 이르게."

"스님과의 대담에 이러-합니다."

"어떤 것이 이러-히 대담하는 경지인가?"

"명왕(明王)은 어상(御床)을 내리지 않고 천하 일에 밝습니다."

위와 같은 문답 중에 대원 선사님께서 답하신 경지를 부송의 첫째 줄에 담으신 것이다.

전강 대선사님께서 대원 선사님을 인가(印可)하신 과정을 볼 때 한 번, 두 번, 세 번을 확인하여 철저히 점검하신 명안종사의 안목

에 탄복하지 않을 수 없으며 이에 끝까지 1초의 머뭇거림도 없이 명철하셨던 대원 선사님께 찬탄하지 않을 수 없다.

그리하여 법열로 어우러진 두 분의 자리가 재현된 듯 함께 환희 용약하지 않을 수 없다.

이제 전강 대선사님과 약속한 2천년대를 맞이하였으므로 여기에 전법게를 밝힌다.

이로써 경허, 만공, 전강 대선사님으로 내려온 근대 대선지식의 정법의 횃불이 이 시대에 이어져 전강 대선사님의 예언대로 불법이 천하에 가득할 것이다.

부록 3

21세기에 인류가 해야 할 일

21세기에 인류가 해야 할 일

이 사람은 1962년 26세 때부터 21세기에 인류에게 닥칠 공해문제, 에너지문제를 예견하고 대체에너지(무한원동기, 태양력, 파력, 풍력 등) 개발과 '울 안의 농법'을 연구하고 그 필요성을 많은 이들에게 이야기해 왔습니다.

당시에는 너무 시대를 앞서가는 이야기여서인지 일반인들이 수용하지 못하고 오히려 불신의 눈으로 바라보며 이 사람의 법마저 의심하였습니다. 하지만 현대에 있어서는 이것이 인류가 해결해야 할 가장 절박한 사안이 되어 있습니다.

'사막화방지 국제연대'를 설립한 것도 현재 인류가 해결해야 할 가장 절박한 지구환경문제를 이슈화시키고 그 해결책을 제시하여 재앙에 직면한 지구촌을 살리기 위해서입니다.

'사막화방지 국제연대'에서 추진하고 있는 사막화 방지, 지구 초원화, 대체에너지 개발은 온 인류가 발 벗고 나서서 해야 할 일입니다.

첫째 사막화 방지에 있어서 기존에 해왔던 '나무심기 사업'은 천문학적인 예산과 많은 인력을 동원하고도 극도로 황폐한 사막화된 환경을 되살리는 데 실패하였습니다.

그래서 이 사람은 사막화 방지에 있어서는 '사막 해수로 사업'을 새로운 방안으로 제시하였습니다.

사막 해수로 사업은 사막화된 지역에 수도관을 매설하여 바닷물을 끌어들여서 염분에 강한 식물을 중심으로 자연생태계를 복원하는 사업입니다.

이것은 나무심기 사업으로 심은 나무들이 절대적으로 물이 부족하여 생존할 수 없었던 문제를 해결할 수 있는, 현재로서는 유일한 해결책입니다.

그러나 '사막화방지 국제연대'의 목적은 사막이 확장되는 것을 방지하자는 것이지 사막 전체를 완전히 없애자는 것은 아닙니다. 인체에서 심장이 모든 피를 전신의 구석구석까지 골고루 보내어 살아서 활동하게 하듯이 사막은 오히려 지구의 심장 역할을 하는 중요한 곳이기 때문입니다.

그래서 21세기에 있어서는 다만 사막의 확장을 방지할 뿐 아니라 사막을 어떻게 운용하느냐를 연구해야 합니다.

사막에 바둑판처럼 사방이 막힌 플륨관 수로를 설치하여 동, 서, 남, 북 어느 방향의 수로를 얼마만큼 채우느냐 비우느냐에 따라, 사막으로부터 사방 어느 방향으로든 거리까지 조절하여, 원하는 지역에 비를 내리게 하고 그치게 할 수 있습니다. 철저히 과학적인

데이터에 의해 이렇게 사막을 운용함으로써 21세기의 지구를 풍요로운 낙원시대로 만들어가야 합니다.

둘째로 지구를 초원화할 수 있는 방안으로서 3년간의 실험을 통해, 광활한 황무지 지역을 큰 비용을 들이거나 많은 인력을 동원하지 않고도 짧은 시간 내에 초지로 바꿀 수 있는 식물을 찾아냈습니다.

그것은 바로 '돌나물'입니다. 돌나물은 따로 종자를 심을 필요가 없이 헬리콥터나 비행기로 살포해도 생존, 번식할 수 있으며, 추위와 더위, 황폐한 땅에서도 살아남을 수 있는 생명력과 번식력이 강한 식물입니다.

지구환경을 되살리는 초지조성 사업에 있어서 이것이 큰 도움이 되리라 생각합니다.

셋째의 대체에너지 개발에 있어서는 태양력, 파력, 풍력 등 1962년도부터 이 사람이 연구하고 얘기해왔던 방법들이 이미 많이 개발되어 실용화한 단계에 있습니다.

이 세 가지 일은 한 개인이나 한 국가가 할 수 있는 일이 아닙니다. 모든 국가가 앞장서서 전 세계적인 사업으로 이루어져야 합니다. 모든 국가가 함께 한 기금조성이 이루어져야 하고 기금조성에 참여한 국가는 이 시스템에 의한 전면적인 혜택을 입을 수 있도록 해야 합니다.

인류 모두가 지혜를 모아 이 일에 전력을 다한다면 인류는 유사이래 가장 좋은 시절을 맞이하게 될 것이며, 만약 이 일을 남의 일인 양 외면한다면 극한의 재앙을 면할 수 없을 것입니다.

이 사람이 오래 전부터 얘기해왔던 '울 안의 농법'은 이미 미국 라스베이거스(Las Vegas)에서 30층짜리 '고층 빌딩 농장'으로 구현되었습니다. 그렇게 크게도 운영될 수 있지만 각자 자신의 집에서 이루어지는 '울 안의 농법'도 필요합니다.

21세기에 있어서 또 하나 인류가 만일의 사태를 대비해서 연구, 추진해야 될 일이 있다면 바닷속에서의 수중생활, 수중경작입니다.

지구가 심하게 온난화될 경우, 공기가 너무 많이 오염될 경우, 바닷물이 높아져 살 땅이 좁아질 경우 등에 대비할 때, 인류는 우주에서의 삶보다는 바닷속에서의 삶을 준비해야 합니다. 왜냐하면 그것이 훨씬 수월하고 비용도 절감할 수 있기 때문입니다.

이렇게 깨달은 이는 이변적으로는 깨달음을 얻게 하여 영생불멸의 삶을 영위할 수 있도록 만인을 이끌어야 하며 사변적으로는 일반인이 예측할 수 없는 백 년, 천 년 앞을 내다보아 이를 미리 앞서 대비하도록 만인의 삶을 이끌어줘야 한다고 생각합니다.

불법의 뜻은 다만 진리 전수에만 있는 것이 아니니, 만인이 서로 함께 영원한 극락을 누릴 때까지 물심양면으로, 이사일여로 베풀어 교화해야 하기 때문입니다.

부록 4

가슴으로 부르는 불심의 노래

여기에 실린 것들은 모두 대원 문재현 선사님께서 직접 작사하신 곡들이다.

수행의 길로 들어서게끔 신심, 발심을 북돋아주는 곡으로부터 수행의 길로 접어든 이의 구도의 몸부림이 담겨있는 곡, 대승의 원력을 발해서 교화하는 보살의 자비심과 함께 낙원세계를 누리는 풍류를 그려놓은 곡까지 가사 한마디, 한마디가 생생하여 그 뜻이 뼛속 깊이 새겨지고 그 멋에 흠뻑 취하게 된다.

대원 문재현 선사님께서는 거칠고 말초적인 요즘의 노래를 듣고 이러한 정서를 순화시키고자, 또한 수행의 마음을 진작시키고자 하는 뜻에서 이 곡들을 작사하셨다.

가슴으로 부르는 불심의 노래 목록

* 1집

1. 서원가 144
2. 반조염불가 145
3. 소중한 삶 146
4. 석가모니불 147
5. 맹서의 노래 148
6. 염원의 노래 149
7. 음성공양 150
8. 발심가 151
9. 자비의 품 152
10. 부처님 은혜1 153
11. 보살의 마음 154
12. 이 생에 해야 할 일 155
13. 구도의 목표 156
14. 님은 아시리 157
15. 부처님 은혜2 158
16. 성중성인 오셨네 159
17. 내 문제는 내가 풀자 160
18. 즐거운 밤 161
19. 관음가 162

* 2집

1. 부처님 163
2. 열반재일 164
3. 성도재일 165
4. 석굴암의 노래 166
5. 님의 모습 167
6. 믿고 따르세 169
7. 신명을 다하리 170
8. 부처님께 바치는 마음 171
9. 감사합니다 172
10. 교화가 173
11. 섬진강 소초 175
12. 권수가1 176
13. 권수가2 178
14. 우란분재일 180
15. 고맙습니다 181
16. 믿음으로 여는 세상 182
17. 출가재일 183
18. 염원 184
19. 우리네 삶, 고운 수로 185
20. 숲속의 마음 186

기타 노래 목록

사색 187

천부경을 아시나요 188

보살가 189

서 원 가

작사 문재현
작곡 배신영
노래 홍노경

느리게

A
B
참 나 를 깨 달 아 서 보 림 을 하 고 다 가 올 내 앞 날 의
보 살 의 가 는 길 이 험 난 타 해 도 맹 세 코 초 지 일 관
중 생 이 끝 이 없 다 말 들 을 해 도 보 현 의 만 행 다 해
서 원 이 라 네 기 어 코 육 바 라 밀 성 취 를 하 여 –
서 원 이 라 네 구 류 를 그 릇 따 라 깨 닫 게 하 여 –
제 도 를 하 여 유 정 과 무 정 모 두 다 한 그 날 이 –
불 보 살 님 큰 은 – 혜 – 에 보 – 답 하 – 면 서
스 승 님 의 큰 은 – 혜 – 에 보 – 답 하 – 면 서
삼 보 님 의 큰 은 – 혜 – 를 갚 – 는 날 – 이 니
영 원 히 구 제 의 길 나 는 – 가 리 – 라
영 원 히 구 제 의 길 나 는 – 가 리 – 라
영 원 히 구 제 의 길 나 는 – 가 리 – 라
Fine

반조 염불가

작사 문재현
작곡 배신영
노래 홍노경

느리게

소중한 삶

작사 문재현
작곡 배신영
노래 홍노경

(모데라토) ♩= 100

석가모니불

작사 문재현
작곡 배신영
노래 홍노경

국악가요

A
Em D C Am
Em Am B7 C B7
B
Em
석가 모니불 -
석가 모니불 -
Em Am G B7
거룩한 - 석가모니불 - 하늘땅에 - 유일한 - 님 - 이기 에 우리
거룩한 - 석가모니불 - 하늘땅에 - 유일한 - 님 - 이기 에 우리
Em Am Em G C Em
러 간절 하게 - 기도하 - 면 내소원이루어 지지요 - 탐 - 욕
러 가르 침을 - 따른다 - 면 언제나행복하 지 요 - 선 - 법
B7 Em Am B7 Em Am
을 - 보시로 다스려서 행 - 하 고 진 - 심 - 을 - 인
을 - 깨달아 생활화를 함으로 써 이 - 세 - 상 - 이
Em C B7 Em Am Em7 G C
욕으로 - 실천하면우 - 리 바 - 라는 그 세 - 상 - 활 짝 - 열리네 - 불 - 법의
대로를 - 낙원으로님 - 이 바 - 라신 그 소 - 원 - 꽃 을 - 피우리 - 불 - 법의
Em B7 B7 Em Am Em Em7
진리깨달으면 - 함 없 - 는 - 함 - 으로 - 님의은혜갚으 -
진리깨달으면 - 함 없 - 는 - 함 - 으로 - 님의은혜갚으 -
Am G C B7 G Em
리 석가 - 모 - 니 - 불 - 우 리 - 부 처 - 님 -
리 석가 - 모 - 니 - 불 - 우 리 - 부 처 - 님 -
Fine

맹서의 노래

작사 문재현
작곡 배신영
노래 홍노경

느리게

염원의 노래

작사 문재현
작곡 배신영
노래 홍노경

느리게

음성공양

작사 문재현
작곡 배신영
노래 홍노경

느리게

발 심 가

작사 문재현
작곡 배신영
노래 홍노경

보사노바

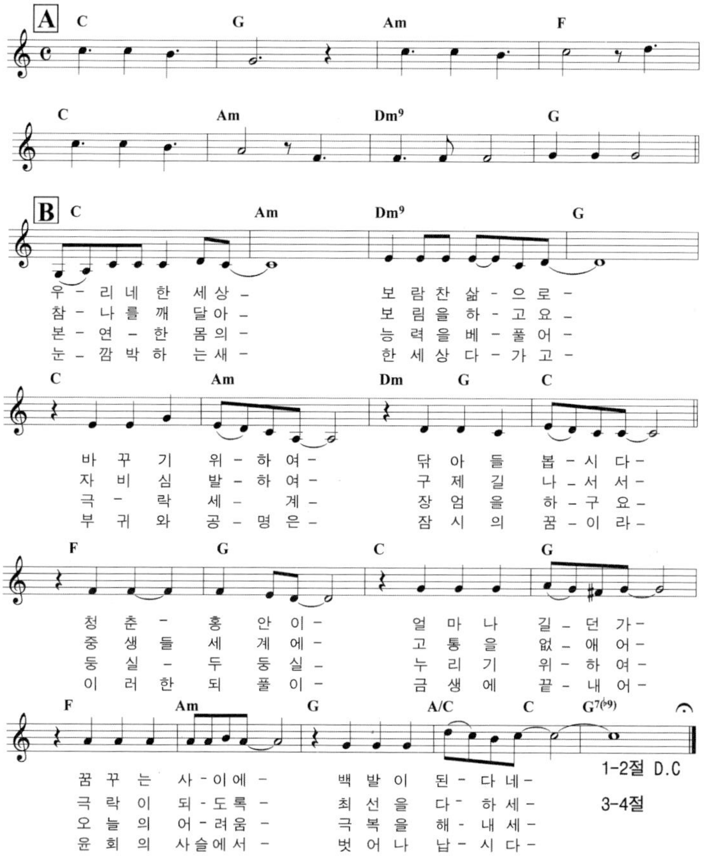

자비의 품

작사 문재현
작곡 배신영
노래 홍노경

느리게

부처님 은혜 1

작사 문재현
작곡 배신영
노래 홍노경

느리게

노을이 짙고 새둥-지- 찾 을 땐- 부처 님의 절절한- 말씀 생각이 나 고
눈에이슬 맺힌채-참회 기도- 명 상 으 로 써 억- 겁 업 을-
재 우 노 라 면 구 름 그 늘- 서늘한바 람 불어 옴 을-맞음 이 랄까-
상 쾌 하 고 확 트 인 가 슴- 희 망 의 미- 소
입가에 번- 지 - 고 콧 노 래 가 절 로 흘 러 나 온 다- 고 맙
습 니 다- 참- 고 맙 습 니 다 더 없 이 큰 부 처 님 은 혜
구 류 중 생 을- 구 제 함 으 로 써 갚 는 것 이 서 원- 입 니 다 서 원
향 해- 될- 것- 입 니 다- 서 원 향 해 다 할 것 입 니 - 다 -
Fine

보살의 마음

작사 문재현
작곡 배신영
노래 홍노경

느리게

A
B
파 - 도 에 실려 떠가 는 낙엽같이 살아가는 인 생 -
구 원 코 자 - 따 라 주 며 같 이 하 는 자 - 비 인 데 -
제 안경 에 보 인 대 로 말 들 - 하 - 지 - 만 -
눈 이 멀 고 귀 가 먹 은 저 들 - 이 - 지 - 만 -
못 들 은 척 - 모 르 는 척 최 - 선 - 다 하 - 리
황 소 처 럼 - 지 장 처 럼 최 - 선 - 다 하 - 리
바 - 른 눈 바 - 른 맘 통 쾌 - 히 열 어 라 -
지 - 혜 눈 지 - 혜 맘 통 쾌 - 히 열 어 라 -
아 - 아 아 - 아 그 - 날 - 이
아 - 아 아 - 아 그 - 날 - 이
그 - 날 이 오 기 만 을 기 다 리 는 마 - 음 -
그 - 날 이 오 기 만 을 기 다 리 는 마 - 음 -

이 생에 해야 할일

작사 문재현
작곡 배신영
노래 홍노경

Trot Disco ♩= 140

구도의 목표

작사 문재현
작곡 배신영
노래 홍노경

느리게

님은 아시리

작사 문재현
작곡 배신영
노래 홍노경

Moderato ♩= 100
사계 절의- 풍광 인들- 위 로- 되 -겠 -니
같이- 되지 않아- 기 도- 에 -젖 -은
- 서사 시의- 음률 인들- 쉬-어지-겠-니- 뜻과
이
마 음- 님 - 은- 아- 시 - 리- 한 세 상 열
청 춘 의 모
정 쏟-아 닦는 수 행길- 불 보 살 님 출 현 하 셔 베
든 욕-망 사 뤄 버 리고- 회 광 반 조 촌 각 아 낀 열
푼 자-비-에- 모 든 망 상- 모- 든 번-
정 쏟-아-서- 이 룬 선 정- 그- 효 력-
뇌 없었으 면 좋으련 만 마음대로- 안되 는게- 수 행 이 더
이 있었으 면 좋으련 만 마음대로- 안되 는게- 보 림 이 더
D.S. al Coda
Fine
라 수행이 더라 - 마음대로- 안 되 는게- 수행이더 라 수행이 더라 -
라 보림이 더라 -

부처님 은혜 2

작사 문재현
작곡 배신영
노래 홍노경

느리게

A
B
낙엽이지고국향-이 길 을 땐- 부처 님의고고한- 말씀 법계화되 고
대승보살 나투어 -그릇 따라- 베 푼 법 문 에 만난 사 - 람 -
모 두 가 깨 쳐 두 타 보 림 - 수행을 하 여 있는 그 곳 -극락 이 어 서 -
걸 음 걸 음 상 쾌 한 가 슴 - 입가 에 미 - 소
언제나 번- 지- 는 대 자 유 삶 누 릴지어 - 다 - 고 맙
습 니 다- 참 - 고맙습니 다 촌각인 들 부 처 님 은 혜
그어찌 한 들- 잊을 날있으 리 불은 갚 는 그 날 - 까지 는 서 원
향 해- 될 - 것- 입니다- 서 원 향 해 다 할 것 입니 - 다-
Fine

성중성인 오셨네

(초파일노래)

작사 문재현
작곡 배신영
노래 홍노경

Swing

A
Gm D/F♯ F6 C/E
E6 Cm D
Inter
Gm E6 Cm D
B
Gm F Gm Cm D7
음력 사월 초 - 파일은 - 온누 리의 제 - 일이신 - 성 중
음력 사월 초 - 파일은 - 온누 리의 제 - 일이신 - 성 중
Gm E♭ F B♭
성 인- 부 - 처 님이 - 이땅 위 에 오 - 신 - 날 - 괴 로
성 인- 부 - 처 님이 - 이땅 위 에 오 - 신 - 날 - 너 를
E♭ Cm D7 Gm D7
움 을 낙 원 으 - 로 - 어 두 움 을 - 광 명 으 - 로 바 꾸
알 란 그 가 르 - 침 - 펼 치 려 고 - 오 심 이 - 니 자 아
Gm Cm D7 Gm D7
려 - 는 숙 - 원 - 을 시작하 신 날 - 너 나 없 이 모 두
완 - 성 이 - 룩 - 해 우리이 땅 - 이 대 로 를 낙 원
F E♭ D7 Gm D7 Gm last tir
함 께 - 경 축 하 세 모 두 함 께 경 축 하 - 세 - 모 두
으 로 - 누 려 보 세 낙 원 으 로 누 려 보 - 세 -
Gm D7 Gm
함 께 경 축 하 - 세 -

내 문제는 내가 풀자

작사 문재현
작곡 배신영
노래 홍노경

조금빠르게

즐거운 밤

작사 문재현
작곡 배신영
노래 홍노경

Trot Disco ♩= 145

A
B
산 사의- 연-등 불빛- 아롱다롱- 한들한들-
그윽한 울림속의- 모두가 정-성-
맘모은 축하속꿈실은- 발원의 미 소를지으며
즐겁게노래하면- 아롱다롱 연등 불도 흥겨 웁고- 자비
한 여래품 의 포근 한 이한 밤
을 석-가 모니-불- 석가모니불- 나-
무 석- 가- 모니- 불-
Fine

관 음 가

작사 문재현
작곡 배신영
노래 홍노경

조금빠르게 ♩= 130

A
Fm
B♭m
C
B
꽃 을 보 아 도 먼 산 을 보 아 도 그 리 움 그 리 움 이 - 더 - 해-
진 - 관 - 세 - 음 관 - 세 - 음 은 -
D♭
포 - 근 한 아 - 아 - 품 이 - 랍 - 니 - 다 -
기 쁠 때 에 도 어 - 려 울 때 에 도 자 애
2xbis
로 다 가 오 셔 - 서 힘 - 이 되 -
신 관 - 세 음 관 세 음 은 - 포 근 한 - 품 - 이 랍 니
- 다 -
Fine

부 처 님

작사 문재현
작곡 배신영
노래 채연희

Slow GoGo ♩= 80

열반재일

작사 문재현
작곡 배신영
노래 채연희

Slow GoGo ♩= 86

성도재일

작사 문재헌
작곡 배신영
노래 채연희

Slow GoGo ♩= 78

A
F B♭13 Gm7 B♭/C C
F B♭13 Gm7 B♭/C F
B
F Dm Gm7 B♭(add9) Gm9 C
찬양합니다 찬양합니다 도이루심 찬양합니 다
맹세합니다 맹세합니다 부처님의 뒤를이어 서
F Dm Am B♭(add9) F Dm Gm
이 세상 에 그 어떤- 일인들이보다 기쁘고거룩한일
생 사고 통 영 원히- 면하게이끄신 봉화의바른불빛
C B♭/F F Dm Am
있 - 으 - 리 그 옛날의 오늘이룬
지 - 혜 - 로 어둔그늘 모두밝혀
C B♭13 F Gm7 C
부 처 님의 광 명 지 혜 없 었 다 - 면
부 처 님의 세 상 으 로 바 뀌 놓 - 는
F Dm C F Dm Gm7 C
중 생 들 - 이 생 사 고 통 면 할 길 을
그 일 에 - 서 제 일 가 는 모 습 보 여
Dm Gm B♭ F Gm7 B♭/C F
감 히 어 찌 알 았 으 리 감 사 합 니 다
부 처 님 의 은 혜 갚 음 지 켜 보 소 서
C/E B♭/C F B♭
감 사 합 니 다
지 켜 보 소 서

석굴암의 노래

작사 문재현
작곡 배신영
노래 채연희

Moderato ♩= 98

A
Cm9 Fm B♭ E♭
A♭ Fm D G7
B
Cm Fm B♭ Cm
그윽히 내려 트인 높고높은산기 슭에
태초의 이마 음이 무명으로경계 이뤄
Cm Fm G Cm
명월보다밝은 모 습 근엄도 하 셔 라 뵈옵
꿈의세상이어 져서 이런삶됐 지 만 거룩
Cm Fm E♭ G7
는 그 순 간 티끌번 뇌 사라지 니 한없
한 가르 침 깊이새 긴 실천으 로 일상
Cm Fm E♭ Gmaj13(♯11) last time
이 고요하 여 지- 순 한 마음일 세 이마음
의 시시때 때 생활화 가 되는그 날 이세상
Fm Cm G7 Cm
속세에 있을때 도 지속되 면 거치른 이세상도 태평세
이대로가 정-토 의 세상되 어 노래와 춤으로써 길이길
G7 Cm C 간주 Cm
계 될것일 세
이 즐길걸 세
D.C.
Fine

님의 모습

작사 문재현
작곡 배신영
노래 채연희

Slow Waltz ♩= 82

Dm
Am
Bis
F
E7
무 지 개 를 타 - 고 나 - 툰 - 모 -
나 에 게 서 깨 - 워 주 - 신 - 모 -
그 대 로 가 유 - 마 묵 - 연 - 마 -
Am
습
습
음
Fine

믿고 따르세

작사 문재현
작곡 배신영
노래 채연희

Dsico (double beat) ♩= 136

A
F Dm Gm C F Dm Gm G F
B
F Dm
고 - 해 일 - 러 낙 원 이 라 한 불 보 - 살 님 그 - 말 씀 의
참 - 나 깨 - 친 밝 은 지 혜 로 선 행 - 닦 아 사 - 상 없 는
B♭ F F Dm
진 실 한 경 지 알 려 - 거 든 보 고 듣 는 그 곳 향 해
일 상 의 생 활 이 루 - 는 날 고 해 일 러 낙 원 이 란
Gm C Dm C
명 - 상 하 - 게 명 상 - 으 로 분 - 별
말 - 씀 의 - 뜻 내 - 뜻 - 되 - 어
E C F Dm
망 상 없 - 어 지 고 고 요 로 움 극 해 지 면
큰 웃 음 을 - 껄 껄 짓 고 대 장 부 로 삼 계 구 할
Gm C F
불 멸 의 나 깨 - 치 네
서 원 세 워 행 - 하 리
3
Fine

신명을 다하리

작사 문재현
작곡 배신영
노래 채연희

Slow ♩= 64 국악가요

부처님께 바치는 마음

작사 문재현
작곡 배신영
노래 채연희

Slow ♩= 78

감사합니다

작사 문재현
작곡 배신영
노래 채연희

교 화 가

작사 문재현
작곡 배신영
노래 채연희

Slow Waltz ♩= 82

B♭ Gm Asus4 A
구 제 를 할 때 -
교 화 를 할 때 -
노 래 를 하 며 -
Gm Dm A
갖 은 방 편 어 려 움 도
제 안 경 에 갖 은 시 비
춤 을 추 는 이 환 희 를
Dm A/C♯ Dm Fine
웃 어 넘 는 스 - 승 님 -
웃 어 넘 는 스 - 승 님 -
함 께 하 잔 스 - 승 님 -
1.2 = 1절 3 = 2절

섬진강 소초

작사 문재현
작곡 배신영
노래 채연희

Slow GoGo ♩= 84

A
B
광 양 - 포 구 팔 십 - 리 의 거 룻 배 에 몸 을 싣 고
하 동 - 포 구 팔 십 - 리 에 거 룻 배 를 띄 워 놓 고
석 양 노 을 고 운 빛 에 물 새 도 맘 읽 누 나
노 을 들 어 법 문 하 니 어 우 러 진 웃 음 이 네
광 양 하 동 어 우 름 의 한 결 같 은 섬 진 강 은
이 위 력 이 세 상 그 늘 모 두 거 둬 열 린 세 상
머 언 머 언 그 날 에 도 오 늘 처 럼 - 흐 르 리 라
평 등 낙 원 누 림 으 로 노 래 하 며 - 살 게 되 리
우 리 도 저 런 맘 길 이 지 녀 누 리 며 사 세
그 날 을 위 한 삶 모 두 함 께 노 력 해 사 세
Fine

권 수 가 1

작사 문재현
작곡 배신영
노래 채연희

Bounce ♩= 120

A
G C G G C G Am D
C G/B Am D
B
G Em C G
아 니 아 니 - 닦 지 는 못 하 리 라 - 일 분 과 일 각 - 도 -
아 니 아 니 - 닦 지 는 못 하 리 라 - 한 송 이 떨 어 진 꽃 을 낙 화 진 다 고
Em G C G
허 - 송 하 지 말 게 눈 - 감 아 - 뜨 는 사 이 백 - 발 - 과 주 름 일 세 -
서 러 워 마 라 한 번 피 - 었 다 - 꽃 이 지 듯 우 리 저 렇 듯 지 고 마 는 -
G Am D G C G G Am G/B
어 서 수 행 을 하 여 영 원 한 참 나 를 알 고 사 - 세 -
슬 픈 나 날 이 흘 러 흘 - 러 흘 러 만 가 니 어 이 하 리 -
C G Am7
이 것 이 것 이 것 이 뭐 꼬 뭐 꼬 라 고 한 - 이 것 이 뭐
차 착 각 - 저 초 침 소 리 검 은 옷 으 로 - 다 가 오
D G E
꼬 - 보 일 듯 이 아 니 보 이 고
는 - 저 승 의 사 자 소 - 리

Am G Em G
이룰듯하 다 가 놓쳤으니 - 하 루하 루 가 태 산만같 게
어 찌아 니 슬플쏜가 - 숙 - 명 적 인 인 과라 해 도
Em Am D G D
커져만 - 가는게 의 심일 세 - 얼 씨구 나 좋 다 -
극복해 - 넘기에 어 려웁 네 - 얼 씨구 나 좋 다 -
Em C G Em
지 화 자 좋 네 - 아 니닦 지 는 -코 러 스 -
지 화 자 좋 네 - 아 니닦 지 는
Am D G
못 - 하 리 - 라 -
못 - 하 리 - 라 -
Fine

권 수 가 2

작사 문재현
작곡 배신영
노래 채연희

Bounce ♩ = 120
A
B
아니아니- 닦지 는 못하리라 - 적적요요달밝은- 밤 - 에 -
아니아니- 닦지 는 못하리라 - 어지러운번 뇌 - 망 - 상 -
단정히 눈 을감 은 깊 은삼 매 - 대상없는낙에 취 해 짓 는미 소 -
털- 고 이룬보리마음모 든 속 박 - 다떨치고호연지기를 누 리는데 -
한산습득이 즐겨누리 는 그낙이아니던 - 가 -
송 죽 바 람 솔 솔 향 기 그윽하고 - 그윽하 네 -
모 두 들 - 저 런낙 을 - 누 리 려거 든 - 닦 고 닦
산 새 도 - 노 래하 니 - 너 도좋고 - 나 도 좋
소 - 삼 세모 든 불 보 살 님 도
다 - 삼 세제 불 무 현 금 - 에

Am G Em G
두타의수 행을 인내로 써 하 루하루 를 수 행해 왔 던
역- 대조- 사 무공적 의 명 - 월 삼 경 이 좋은 밤 을
Em Am D G D
결실로-얻어진 과위라 네 얼 씨구 나 좋 다
두둥실-두둥실 즐겨보 세 얼 씨구 나 좋 다
Em C G Em
지 화 자 좋 네 아 니 닦 지 는
지 화 자 좋 네 아 니 닦 지 는
-코 러 스 -
Am D G
못 - 하 리 - 라
못 - 하 리 - 라
Fine

우란분재일

작사 문재현
작곡 배신영
노래 채연희

Trot in4 (double beat) ♩= 134

A
Gm E♭ D7 Gm E♭ D7
B
Gm D7 Gm Am7(♭5) Dsus7 D
우 란분 재 맞- 이 해 서 대자대비-부처-님 을
정 성어 린 마- 음 으 로 이고득락-비옵-나 니
Gm D7 E♭ Am7 D7
이 자- 리 에 청해모 셔 다생부모 왕생극 락
세 상- 애 착 모두끊 고 부처님의 그세상 에
D7 Gm D7 Gm
정성다한맘 입니 다 지 혜 짧 아 못-미-쳐 서
나시기만원 합니 다 다 생 겁 에 경-험-하 신
Gm D Gm Cm6 D7
중한은혜 입-고서 도 보 은보 답 못하고 서
부질없는 몸-종노 릇 그 허망 을 떨침만 이
Gm D7 Cm Gm11
이생까지 이-른것 을 머리-숙 여 부처님 께
윤회고를 벗-어나 는 길이-오 니 그리되 길
E♭ D7 D7 Gm
참 회 합 니- 다 참 회- 합 니- 다
비 옵 나 이- 다 비 옵- 나 이- 다
Fine

고맙습니다

작사 문재현
작곡 배신영
노래 채연희

Waltz ♩= 108

A
Am
Dm
C
E7
B
Am
Dm
이 런이도 고 마웁고 저 런이도 고 마우며
이 런일도 없 었고 - 저 런일도 없 었고 -
어 려운일 없 었다면 안 되는일 없 었다면
참 을인자 공 덕이 - 어 질인자 공 덕이 -
C
E7
1.
모 - 두가 고 맙습니 다 - 음
모 - 두가 없 었다 - 면 -
고 - 마움 알 았으리 오 -
이 - 리도 큰 거란 - 걸 -
2. Am
Am
Dm
음 백 겁 천 생 몹 - 쓸 업
알 고 보 니 님 - 의 은
Em
Am
C
장 닦지못 했을 걸 고 - 마 워
혜 님의은 혜일 세 고 - 마 워
E7
Am
G
C
요 고 마 워 - 요 정 말 정 말
요 고 마 워 - 요 정 말 정 말
Em
Am
고 맙 습 니 다 -
고 맙 습 니 다 -
Fine

믿음으로 여는 세상

작사 문재현
작곡 배신영
노래 채연희

Slow ♩= 76

A
Fm B♭m C+5 C Fm
B♭m Fm D♭ C C7
B
Fm D♭ B♭m Cm7 C
우 리 들 모 두 가 부 처 님 의 지 해 - 활 짝 열 린 가 슴 으 로 써
우 리 들 모 두 가 참 선 을 할 때 는 - 모 두 비 워 명 경 지 수 로
B♭m A♭ C7 Fm
다 같 이 도 와 서 - 살 아 들 간 - 다 면 훈 풍 같 은 앞 날 이 리 라
참 나 를 관 조 해 - 실 경 에 사 - 무 쳐 깨 달 아 서 활 짝 웃 는 날
C7 Fm Fm C Fm
아 - 즐 - 겁 게 즐 겁 게 마 - 음 을 다 스 려 참 모 습 을 이 루 노 라 면
아 - 즐 - 겁 게 즐 겁 게 법 - 담 을 함 으 로 꽃 피 울 걸 맹 세 를 하 고
B♭m A♭ C C/E B♭m
정 - 토 의 세 상 이 우 리 를 맞 - 으 리 우 리 모 두 기 도 합 시
정 - 진 에 정 진 을 정 진 에 정 - 진 을 우 리 모 두 실 천 합 시
C C7 Fm
다 다 같 이 기 도 합 시 - 다
다 다 같 이 실 천 합 시 - 다
Fine

출가재일

작사 문재현
작곡 배신영
노래 채연회

Moderato ♩ = 106
A
Gm Cm B♭ D
Gm G/B Cm A♭ D
B
Gm Cm B♭ D
장 하 십 니 다 장 하 십 니 다
장 하 십 니 다 장 하 십 니 다
Cm D Gm
그 의 지 가 장 하 십 니 다
갖 은 역 경 부 딪 쳐 서 도
Gm F/A B♭ D7
이 세 상 의 모 든 사 람 탐 을 내 는 왕 의 지 위 와
초 지 일 관 변 함 없 음 우 러 러 서 존 경 합 니 다
Cm Gm A♭ D
왕 비 와 의 궁 중 낙 을 미 련 없 이 버 리 시 고
나 밖 에 서 찾 으 려 는 어 리 석 음 버 리 고 서
Gm D B♭ D
고 - 행 수 - 도 하 겠 다 한 - 군 은 의 지 머 리
내 - 안 에 - 서 찾 으 려 한 - 깨 침 향 한 군 은
D Gm D7 Bis G B
숙 여 찬 탄 합 니 다 찬 탄 합 니 다
의 지 찬 탄 합 니 다 찬 탄 합 니 다
Fine

염 원

작사 문재현
작곡 배신영
노래 채연희

Moderato GoGo ♩ = 114

우리네 삶, 고운 수로

작사 문재현
작곡 배신영
노래 채연희

숲속의 마음

작사 문재현
작곡 배신영
노래 채연희

Disco ♩= 120

A
F Dm Gm C
F B♭ C F
B
F Dm Gm F
푸 른 숲 - 속 의 고 색 짙 은 절 찾 아
깊 고 그 - 윽 한 산 사 찾 아 온 마 음
사 람 다 - 움 을 생 각 하 며 걷 는 길
F B♭ Dm F
라 - 라 - 친 구 들 과 굽 이 굽 이
라 - 라 - 친 구 들 과 사 색 하 는
라 - 라 - 친 구 들 과 주 고 받 는
C F C Dm
걷 는 길 가 계 곡 물 도 반 - 기 는
가 부 좌 에 관 음 보 살 미 - 소 를
오 늘 의 말 길 가 볕 도 조 - 용 한
C F Gm F
소 리 좋 고 도 좋 아 콧 - 노 래 응 -
짓 고 좋 고 도 좋 아 나 - 는 야 응 -
미 소 좋 고 도 좋 아 맘 - 노 래 응 -
C F
새 들 도 합 창 을 하 네
마 음 꽃 활 짝 피 었 네
숲 길 도 어 깨 춤 추 네
Fine

사 색

작사 대원 문재현
작곡 배신영

조 용 - 히 눈 - 감 고 - 서 참 - 나 를살 펴 - 봐 요
조 용 - 한 사 - 색 으 - 로 깨 - 달 아살 펴 - 보 면
갖 은 생 각 모 든 행 이 이 로 좇 아 있 건 만 - 은
온 갖 지 혜 모 든 덕 이 이 로 좇 아 있 - 음 - 에
색깔도모양도 없 어 알 - 고 파 서 사 색 일 세 모든걸내려놓고 -
그능력베풀고펼 쳐 누 - 리 려 고 수 행 일 세 모두를다비우고 -
쉬는시 간사 색으 로 한 걸음또한걸음 다가서는노력다해 기어이성취하여
님의자 취따름으 로 한 걸음또한걸음 극락세계다가가서 기어이성취하여
낙 원 의 - 삶 - 누 리 려 네
너 나 없 - 이 - 누 려 보 세

천부경을 아시나요

작사 대원 문재현
작곡 배신영

우리조상 깊－은진리 천부경을아시나 요
바른진리 깨－달아서 이세상을바로봐 요
여든 －－ 한－자속에 누 리의－온이－치－ 를
마음 －－의 능－력으로 펼 쳐놓은장엄－이－ 라
남 김없이－ 담으셨－네－ 필부의사내－ 라 도
화 려하고－ 아름답－네－ 이땅인이대－ 로 가
마음을－갈고닦－ 아 영원 한참－나깨－ 쳐
낙원의－세계이－ 니 노래 와춤－으로－ 써
환인－ 큰은혜에 보 답－ 해사 － 세
어깨－ 동무하고 영 원－ 히사 － 세

보 살 가

작사 대원 문재현
작곡 김동환

너무느리지않게 ♩ = 80

세상사에어 울린 구 제의길
어려움도웃어넘긴 이 마음을 흰 구름너도알리 라
성불의보리과를 이루기위해 두타의수행으로 써

이세계저세계서 닦았던보현행을 영원히펼치 - 리

도서출판 문젠(Moonzen)의 책들

1~5. 바로보인 전등록 (전30권을 5권으로)

7불과 역대 조사의 말씀이 1,700공안으로 집대성되어 있는 선종 최고의 고전으로, 깨달음의 정수가 살아 숨쉬도록 새롭게 번역되었다.

464, 464, 472, 448, 432쪽.

각권 18,000원

6. 바로보인 무문관

황룡 무문 혜개 선사가 저술한 공안집으로 전등록, 선문염송, 벽암록 등과 함께 손꼽히는 선문의 명저이다.

본칙 48개와 무문 선사의 평창과 송, 여기에 역저자인 대원 문재현 선사의 도움말과 시송으로 생명과 같은 선문의 진수를 맛보여 주고 있다.

272쪽. 12,000원

7. 바로보인 벽암록

설두 선사의 설두송고를 원오 극근 선사가 수행자에게 제창한 것이 벽암록이다.

이 책은 본칙과 설두 선사의 송, 대원 문재현 선사의 도움말과 시송으로 이루어져, 벽암록을 오늘에 맞게 바로 보이고 있다.

456쪽. 15,000원

8. 바로보인 천부경

우리 민족 최고(最古)의 경전 천부경을 깨달음의 책으로 새롭게 바로 보였다. 이 책에는 81권의 화엄경을 81자에 함축한 듯한 천부경과, 교화경, 치화경의 내용이 함께 담겨 있으며, 역저자인 대원 문재현 선사가 도움말, 토끼뿔, 거북털 등으로 손쉽게 닦아 증득하는 문을 열어놓고 있다.

432쪽. 15,000원

9. 바로보인 금강경

대원 문재현 선사의 『바로보인 금강경』은 국내 최초로 독창적인 과목을 내어 부처님과 수보리 존자의 대화 이면의 숨은 뜻을 드러내고, 자문과 시송으로 본문의 핵심을 꿰뚫어 밝혀, 금강경 전체를 손바닥 안의 겨자씨를 보듯 설파하고 있다.

488쪽. 15,000원

10. 세월을 북채로 세상을 북삼아

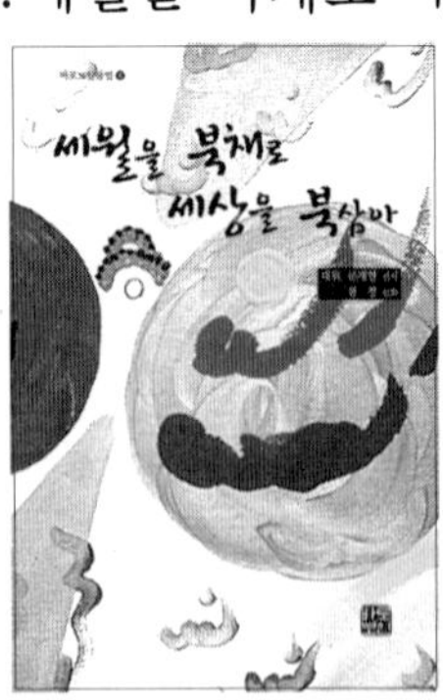

대원 문재현 선사의 선시가 담긴 선시화집 『세월을 북채로 세상을 북삼아』는 선과 시와 그림이 정상에서 만나 어우러진 한바탕이다. 선의 세계를 누리는 불가사의한 일상의 노래, 법열의 환희로 취한 어깨춤과 같은 선시가 생생하고 눈부시게 내면의 소리로 흐른다.

180쪽. 15,000원

11. 영원한현실

애매모호한 구석이 없이 밝고 명쾌하여, 너무 도 분명함에 오히려 그 깊이를 헤아리기 어려운, 대원 문재현 선사의 주옥같은 법문을 모아 놓은 법문집이다.

400쪽. 15,000원

12. 바로보인 신심명

신심명은 양끝을 들어 양끝을 쓸어버리는, 40 대치법으로 이루어진, 3조 승찬 대사의 게송이다. 이를 대원 문재현 선사가 바로 번역하는 것은 물론, 주해, 게송, 법문을 더해 통쾌하게 회통하고 자유자재 농한 것이 이 『바로보인 신심명』이다.

296쪽. 10,000원

13~17. 바로보인 환단고기 (전5권)

『바로보인 환단고기』 1권은 민족정신의 정수인 환단고기의 진리를 총정리하여 출간하였다. 2권에는 역사총론과 태초에서 배달국까지 역사가 실려 있으며, 3권은 단군조선, 4권은 북부여에서부터 고려까지의 역사가 실려 있다. 5권에는 역사를 증명하는 부록과 함께 환단고기 원문을 실었다.

344 · 368 · 264 · 352 · 344쪽. 각권 12,000원

18~47. 바로보인 선문염송 (전30권)

선문염송은 세계최대의 공안집이다. 전 공안을 망라하다시피 했기에 불조의 법 쓰는 바를 손바닥 들여다보듯 하지 않고는 제대로 번역할 수 없다. 대원 문재현 선사는 전 공안을 바로 참구할 수 있게끔 번역하고 각 칙마다 일러보였다.

352 368 344 352 360 360 400 440 376 392
384 428 410 380 368 434 400 404 406 440
424 460 472 456 504 528 488 488 480 512쪽

각권 15,000원

48. 앞뜰에 국화꽃 곱고 북산에 첫눈 희다

대원 문재현 선사의 선문답집으로 전강·경봉·숭산·묵산 선사와의 명쾌한 문답을 실었으며, 중앙일보의 <한국불교의 큰스님 선문답> 열 분의 기사와 기자의 질문에 대한 대원 문재현 선사의 별답을 함께 실었다.

200쪽. 5,000원

49. 바로보인 증도가

선종사에 사라지지 않을 발자취로 남은 영가 선사의 증도가를 대원 문재현 선사가 번역하고 법문과 송을 더하였다.

자비의 방편인 증도가의 말씀을 하나하나 쳐가는 선사의 일갈이야말로 영가 선사의 본의중과 일치하여 부합하는 것이라 아니할 수 없다.

376쪽. 10,000원

50. 바로보인 반야심경

이 시대의 야부(冶父)선사, 대원 문재현 선사가 최초로 반야심경에 과목을 붙여 반야심경 내면에 흐르는 뜻을 밀밀하게 밝혀놓고 거침없는 송으로 들어보였다.

264쪽. 10,000원

51~52. 선(禪)을 묻는 그대에게 (전10권 중 2권)

대원 문재현 선사의 선수행에 대한 문답집. 깨달아 사무친 경지에 대한 밀밀한 점검과, 오후보림에 대한 구체적인 수행법 제시와, 최초의 무명과 우주생성의 원리까지 낱낱이 설한 법문이 담겨 있다.

280쪽, 272쪽. 각권 15,000원

53. 바로보인 선가귀감

선가귀감은 깨닫고 닦아가는 비법이 고스란히 전수되어 있는 선가의 거울이라 할 만하다. 더욱이 바로보인 선가귀감은 매 소절마다 대원 문재현 선사의 시송이 화살을 과녁에 적중시키듯 역대 조사와 서산대사의 의중을 꿰뚫어 보석처럼 빛나고 있다.

352쪽. 15,000원

54. 바로보인 법융선사 심명

심명 99절의 한 소절, 한 소절이 이름 그대로 마음에 새겨두어야 할 자비광명들이다.
이 심명은 언어와 문자이면서 언어와 문자를 초월한 일상을 영위하게 하는 주옥같은 법문이다.

278쪽. 12,000원

55. 주머니 속의 심경

반야심경은 부처님이 설하신 경 중에서도 절제된 경으로 으뜸가는 경이다. 대원 문재현 선사의 선송(禪頌)도 그 뜻을 따라 간략하나 선의 풍미를 한껏 담고 있다. 하루에 한 소절씩을 읽고 참구한다면 선 수행의 지름길이 될 것이다.

84쪽. 5,000원

56. 바로보인 법성계

법성계는 한마디로 화엄경의 핵심부를 온통 훤출히 드러내놓은 게송이다. 짧은 글 속에 일체의 법을 이렇게 통렬하게 담아놓은 법문도 드물 것이다.
이렇게 함축된 법성계 법문을 대원 문재현 선사가 속속들이 밀밀하게 설해놓았다.

176쪽. 10,000원

57. 달다 - 전강 대선사 법어집

이제는 전설이 된 한국 근대선의 거목인 전강 선사님의 최상승법과 예리한 지혜, 선기로 넘쳤던 삶이 생생하게 담겨 있는 전강 대선사 법어집 < 달다 > !
전강 대선사님의 인가 제자인 대원 문재현 선사가 전강 대선사님의 법거량과 법문, 일화를 재조명하여 보였다.
368쪽. 15,000원

58. 기우목동가

그 뜻이 심오하여 번역하기 어려웠던 말계지은 선사의 기우목동가!
대원 문재현 선사가 바른 뜻이 드러나도록 번역하고, 간결한 결문과 주옥같은 선송으로 다시 보였다.
146쪽. 10,000원

59. 초발심자경문

이 초발심자경문은 한문을 새기는 힘인 문리를 터득하게 하기 위하여 일부러 의역하지 않고 직역하였다.
대원 문재현 선사의 살아있는 수행지침도 실려 있다.
266쪽. 10,000원

60. 방거사어록

방거사어록은 선의 일상, 선의 누림을 보여주는 대표적인 선문이다. 역저자인 대원 문재현 선사는 방거사어록의 문답을 '본연의 바탕에서 꽃피우는 일상의 함'이라 말하고 있다. 법의 흔적마저 없는 문답의 경지를 온전하게 드러내 놓은 번역과, 방거사와 호흡을 함께 하는 듯한 '토끼뿔'이 실려 있다.

306쪽. 15,000원

61. 실증설

이 책의 모태는 대원 문재현 선사가 2010년 2월 14일 구정을 맞이하여 불자들에게 불법의 참뜻을 보이기 위해 홀연히 펜을 들어 일시에 써내려간 이 책의 3부이다. 실증한 이가 아니고는 설파할 수 없는 일구 도리로 보인 이 3부와 태초로부터 영겁에 이르는 성품의 이치를 문답과 인터뷰 법문으로 낱낱이 설한 1, 2를 보아 실증하기를…

224쪽. 10,000원

62. 하택신회대사 현종기

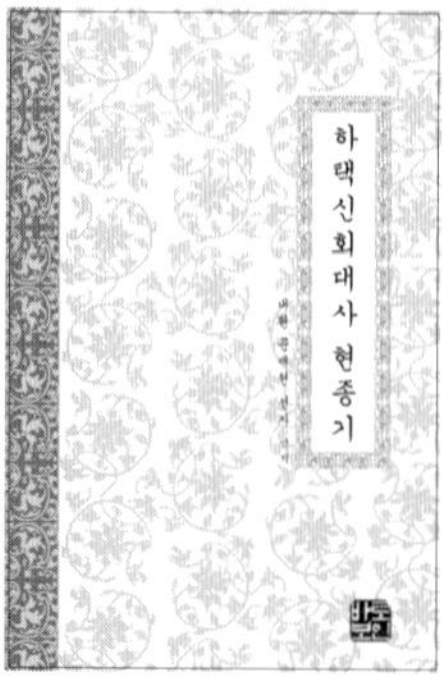

육조대사의 법이 중국천하에 우뚝하도록 한 장본인, 하택신회대사의 현종기. 세간에 지해종도로 알려져 있는 편견을 불식시키는 뛰어난 깨달음의 경지가 여기에 담겨있다. 대원 문재현 선사가 하택신회대사의 실경지를 드러내고 바로보임으로써 빛냈다.

232쪽. 10,000원

63. 불조정맥 - 韓 · 英 · 中 3개국어판

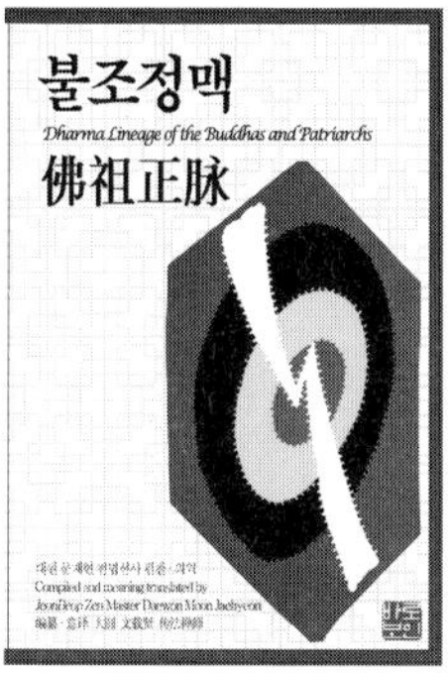

석가모니불로부터 현 78대에 이르기까지 불조정맥진영(佛祖正脈眞影)과 정맥전법게(正脈傳法偈)를 온전하게 갖춘 최초의 불조정맥서. 대원 문재현 선사가 다년간 수집, 정리하여 기도와 관조 끝에 완성한 『불조정맥』을 3개국어로 완역하였다.

216쪽. 20,000원

64. 바른 불자가 됩시다

참된 발심을 하여 바른 신앙, 바른 수행을 하고자 해도, 그 기준을 알지 못해 방황하는 불자님들을 위해 불법의 바른 길잡이 역할을 하도록 대원 문재현 선사가 집필하여 출간하였다.

162쪽. 10,000원

65. 누구나 궁금한 33가지

21세기의 인류를 위해 모든 이들이 가장 어렵고 궁금해 하는 문제, 삶과 죽음, 종교와 진리에 대한 바른 지표를 제시하고자 대원 문재현 선사가 집필하여 출간하였다.

180쪽. 10,000원

66. 108진참회문 - 韓·英·中 3개국어판

전생의 모든 악연들이 사라져 장애가 없어지고, 소망하는 삶을 살게 하기 위해 대원 문재현 선사가 10계를 위주로 구성한 108 항목의 참회문이다. 한 대목마다 1배를 하여 108배를 실천할 것을 권한다.

170쪽. 15,000원

67. 달마의 일할도 허락지 않는다

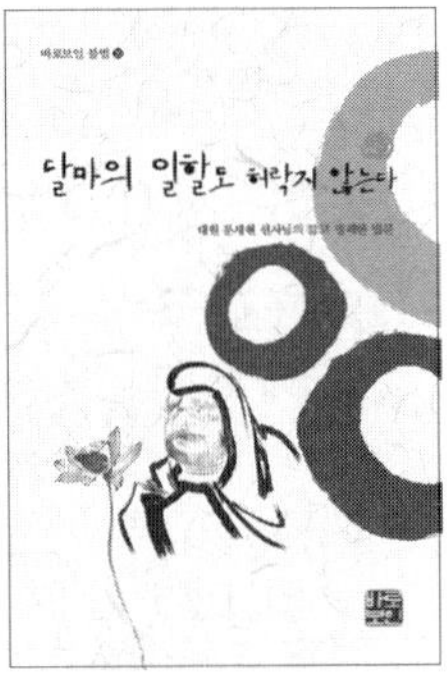

대원 문재현 선사의 짧고 명쾌한 법문집. 책을 잡는 순간 달마의 일할도 허락지 않는 선기와 맞닥뜨리게 될 것이다. 때로는 하늘을 찌를 듯한 기세와, 때로는 흔적 없는 공기와도 같은 향기를 일별하기를…

190쪽. 10,000원

68. 마음대로 앉아 죽고 서서 죽고

생사를 자재한 분들의 앉아서 열반하고 서서 열반한 내력은 물론 그분들의 생애와 법까지 일목요연하게 수록해놓았다.

446쪽. 15,000원

69. 화두 - 韓 · 英 · 中 3개국어판

『화두』는 대원 문재현 선사의 평생 선문답의 결정판이다. 생생하게 살아있는 선(禪)을 한·영·중 3개국어로 만날 수 있다. 특히 대원 문재현 선사의 짧은 일대기가 실려 있어 그 선풍을 음미하는 데에 큰 도움을 주고 있다.

440쪽. 15,000원

70. 바로보인 간당론

법문하는 이가 법리를 모르고 주장자를 치는 것을 눈먼 주장자라 한다. 법좌에 올라 주장자 쓰는 이들을 위해서 대원 문재현 선사가 간당론에서 선리(禪理)만을 취하여 『바로보인 간당론』을 출간하였다.

218쪽. 20,000원

71. 완전한 우리말 불공예식법

부처님께 공양을 올리고 불보살님의 가피를 구하는 예법 등을 총칭하여 불공예식법이라 한다. 대원 문재현 선사가 이러한 불공예식의 본뜻을 살려서 완전한 우리말본 불공예식법을 출간하였다.

456쪽. 38,000원

72. 바로보인 유마경

유마경은 가히 불법의 최정점을 찍는 경전이라 할 것이니, 불보살님이 교화하는 경지에서의 깨달음의 실경과 신통자재한 방편행을 보여주는 최상승 경전이다. 대원 문재현 선사가 < 대원선사 토끼뿔 >로 이 유마경에 걸맞는 최상승법을 이 시대에 다시금 드날렸다.

568쪽. 20,000원

73. 실증설 5개국어판 - 韓 · 英 · 佛 · 西 · 中

대원 문재현 선사가 불법의 참뜻을 보이기 위해 홀연히 펜을 들어 일시에 써내려간 실증설! 실증한 이가 아니고는 설파할 수 없는 도리로 가득한 이 책이 드디어 영어, 불어, 스페인어, 중국어를 더하여 5개국어로 편찬되었다.

860쪽. 25,000원

74. 누구나 궁금한 33가지 3개국어판 - 韓 · 英 · 中

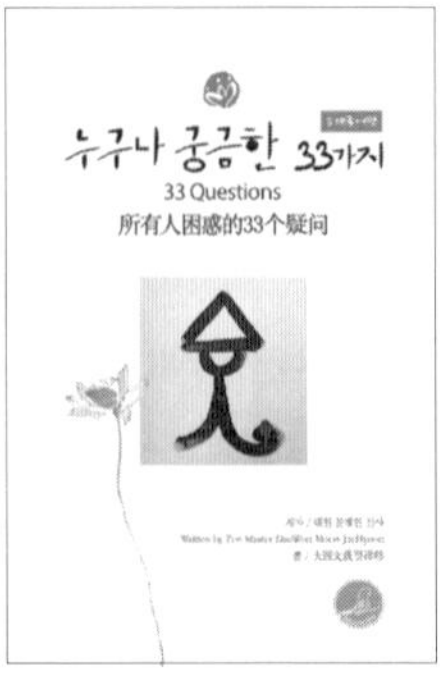

누구라도 풀어야 할 숙제인 33가지의 의문에 대한 답을 21세기의 현대인에게 맞는 비유와 언어로 되살린 『누구나 궁금한 33가지』가 한글, 영어, 중국어 3개국어로 출간되었다.

408쪽. 15,000원

75. 달마의 일할도 허락지 않는다 3개국어판 - 韓 · 英 · 中

대원 문재현 선사의 짧고 명쾌한 법문집인 『달마의 일할도 허락지 않는다』가 한글, 영어, 중국어 3개국어로 출간되었다. 전세계에서 유일하게 활선의 가풍이 이어지고 있는 한국, 그 가운데에서도 불조의 정맥을 이은 대원 문재현 선사가 살활자재한 법문을 세계로 전하고 있는 책이다.

308쪽. 15,000원

76~86. 화엄경 (전81권 중 11권)

대원 문재현 선사는 선문염송 30권, 전등록 30권을 모두 역해하여 세계 최초로 1,463칙 전 공안에 착어하였다. 이러한 안목으로 대천세계를 손바닥의 겨자씨 들여다보듯 하신 불보살님들의 지혜와 신통으로 누리는 불가사의한 화엄세계를 열어 보였다.

206, 256, 264, 278, 240, 288, 276, 224, 220, 236, 200쪽. 각권 15,000원

87. 법성게 3개국어판 - 韓 · 英 · 中

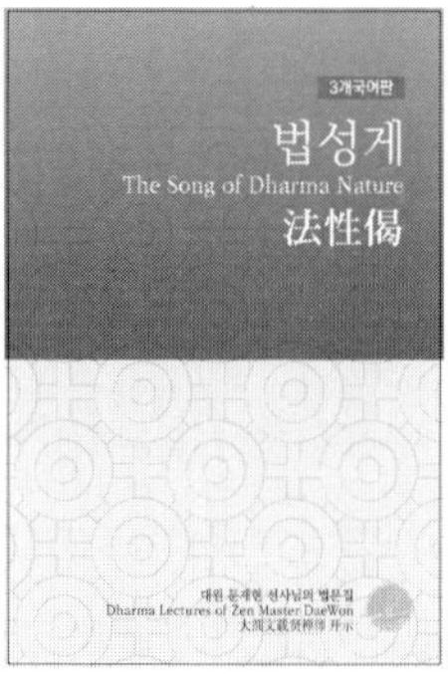

법성게는 한마디로 화엄경의 핵심부를 훤출히 드러내놓은 게송으로 짧은 글 속에 일체법을 고스란히 담아 놓았다. 대원 문재현 선사의 통쾌한 법성게 법문이 한영중 3개국어로 출간되었다.

376쪽. 15,000원

88. 정법의 원류

『정법의 원류』는 불조정맥을 이은 정맥선원의 소개서이다. 정맥선원은 불조정맥 제77조 조계종 전강 대선사의 인가 제자인 대원 문재현 전법선사가 주재하는 도량이다. 『정법의 원류』를 통해 정맥선원 대원 문재현 선사의 정맥을 이은 법과 지도방편을 만날 수 있다.

444쪽. 20,000원

법문 MP3를 주문판매합니다

부처님의 78대손이신 대원(大圓) 문재현(文載賢) 전법선사님의 법문 MP3가 나왔습니다. 책으로만 보아서는 고준하여 알기 어려웠던 선문(禪文)의 이치들이 자세히 설하여져 있어서, 모든 궁금증을 시원하게 풀어줄 것입니다.

- 천부경 : 15,000원
- 금강경 : 40,000원
- 신심명 : 30,000원
- 법성게 : 10,000원
- 현종기 : 65,000원
- 법융선사 심명 : 100,000원
- 기우목동가 : 75,000원
- 반야심경 : 1회당 5,000원 (총 32회)
- 선가귀감 : 1회당 5,000원 (총 80회)

대원 선사님 작사 노래 CD 주문판매합니다

가슴으로 부르는
불심의 노래
1. 서 원 가 (3:36)
2. 반조 염불가 (4:00)
3. 소중한 삶 (2:30)
4. 석가모니불 (4:52)
5. 맹서의 노래 (4:25)
6. 염원의 노래 (3:25)
7. 음성 공양 (3:51)
8. 발 심 가 (3:05)
9. 자비의 품 (4:10)
10. 부처님 은혜(첫 번째) (4:34)
11. 보살의 마음 (3:50)
12. 이 생에 해야 할 일 (3:08)
13. 구도의 목표 (3:18)
14. 님은 아시리 (3:42)
15. 부처님 은혜(두 번째) (4:34)
16. 성중성인 오셨네 (3:10)
17. 내 문제는 내가 풀자 (2:38)
18. 즐거운 밤 (2:27)
19. 관 음 가 (2:48)
정맥선원

• 가격 : 2만원

가슴으로 부르는
불심의 노래 2
1.부 처 님 (4:01)
2.열반재일 (3:09)
3.성도재일 (4:00)
4.석굴암의 노래 (3:19)
5.님의 모습 (3:15)
6.믿고 따르세 (2:55)
7.신명을 다하리 (4:17)
8.부처님께 바치는 마음 (3:49)
9.감사합니다 (3:10)
10.교 화 가 (4:30)
11.섬진강 소초 (3:08)
12.권 수 가[1] (3:02)
13.권 수 가[2] (3:02)
14.우란분재일 (3:38)
15.고맙습니다 (2:31)
16.믿음으로 여는 세상 (3:05)
17.출가재일 (2:44)
18.염 원 (2:52)
19.우리네 삶, 고운 수로 (2:35)
20.숭속의 마음 (2:33)
佛心

• 가격 : 1만5천원

문의 전화 ☎ 031-534-3373

화엄경 12권은 대통사 해남정맥선원의 혜원 김태성 스님의 보시에 의해 출간 되었습니다. 이 무량공덕으로 구경성불 하시기를 기원합니다.